BUSINESS KOREAN

성공하는
비즈니스
한국어

Enhance your business Korean-speaking proficiency through methodologically designed lessons focusing on key expressions and vocabulary used in various business situations.

01

- **Key Features**
  ○ Warm Up Activity
  ○ Key Expressions
  ○ Business Expressions
  ○ Conversation Practice
  ○ Grammar Practice
  ○ Speaking Aloud
  ○ Work Smart With Koreans
  ○ E-mail Writing
  ○ Study Note

CARROT HOUSE

Business Korean 성공하는 비즈니스 한국어 1
© Carrot House

All rights reserved. No part of this publication may be reproduced,
stored in a retrieval system, or transmitted in any form or by any means
without the prior permission in writing of Carrot House.

Author: Carrot Language Lab

Printed: February 2023

ISBN 978-89-6732-287-8

Printed and distributed in Korea
268-20, Itaewon-ro, Yongsan-gu, Seoul, Republic of Korea

01

BUSINESS KOREAN
성공하는 비즈니스 한국어

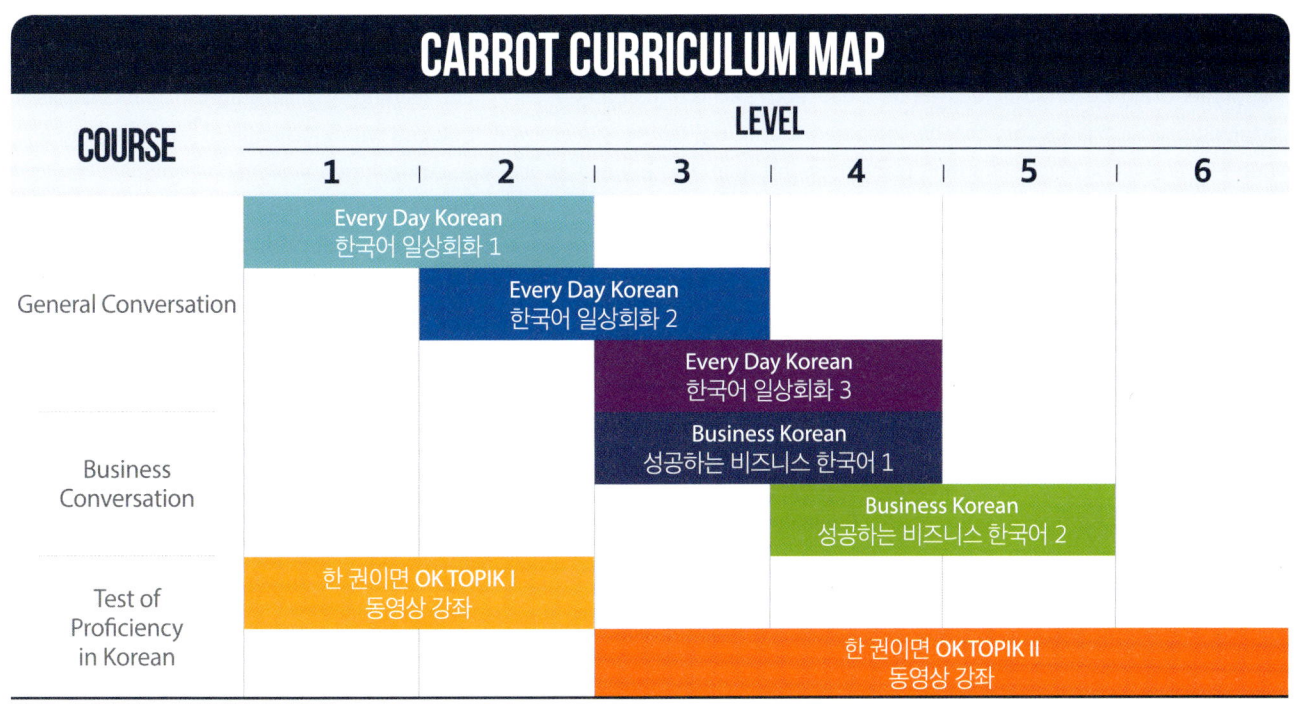

CARROT HOUSE

BUSINESS KOREAN
성공하는 비즈니스 한국어

01

INTRODUCTION

Carrot House Methodology

Andragogical Approach & Productive Korean

The teaching of children (pedagogy) and adult learning (andragogy) are distinctively different. Pedagogy is akin to training and encourages convergent thinking and rote learning. It is compulsory, centered on the teacher and the imparting of information with minimal control by the learner. Andragogy, by contrast, is about education as freedom. It encourages divergent thinking and active learning. It is voluntary, learner oriented, and opens up vistas for continual learning. Adults need to feel independent and in control of their learning. Therefore, Carrot House curriculum is based on andragogy and is designed to encourage learners' participation and engagement by providing more task-based activities and opportunities to frequently interact in the classroom.

People want to achieve communicative competence when they learn other languages. Korean education in foreign language environments has been rather focused on the receptive skills of Korean—listening and reading—which simply increases learners' knowledge about a language, not the competence of using it. If people are well equipped with productive skills—speaking and writing—they will be competent in Korean communication. This is why Carrot House curriculum is designed to enhance learners' productive skills throughout the course. This andragogical approach of the Carrot House Curriculum, which focuses on productive Korean, will enable learners to achieve communication skills necessary for global competence. Carrot House's teaching philosophy and curriculum combine to provide a "Language for Success" for all learners.

Communicative Language Learning (CLL)

This communicative interaction, the essential component of language acquisition, does not occur in a typical, non-meaningful, fun-oriented conversation with native speakers. It occurs in a negotiated interaction through which a well-trained teacher provides the comprehensible input that is appropriate to the learners. The learners, at the same time, actively utilize the opportunities given to them by the teachers.

To this end, the Communicative Language Learning (CLL) method is employed in the field of Foreign Language Acquisition. The CLL method provides activities that are geared toward using language pragmatically, authentically and functionally with the intention of achieving meaningful purposes.

LESSON COMPOSITION

Business Korean 성공하는 비즈니스 한국어 1

· 각 단과의 주요 학습 활동

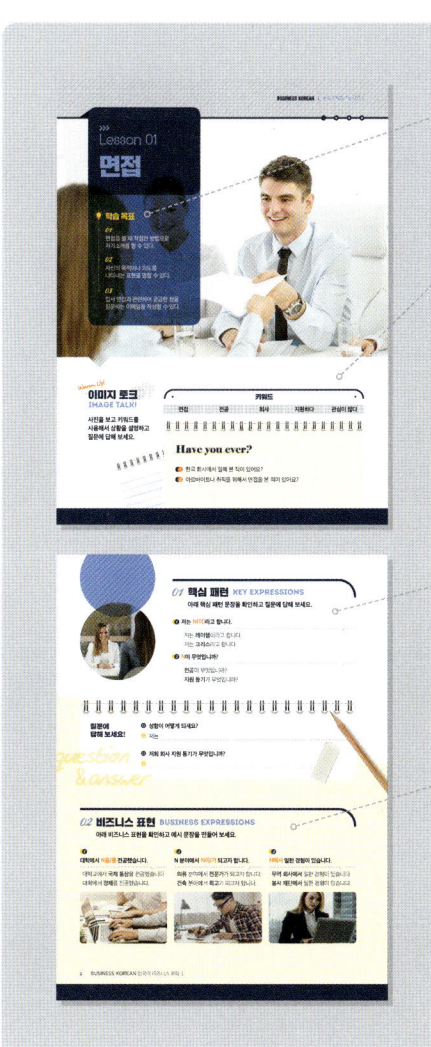

☑ **학습 목표**
주제와 관련된 각 단과의 주요 학습 목표를 확인할 수 있다.

☑ **이미지 토크**
키워드를 사용해서 그림을 묘사하고
주제와 관련된 도입 질문으로 이야기해 본다.

☑ **핵심 패턴**
비즈니스 상황 또는 일상 속 회화에서도 유용하게 사용할 수 있는 표현을
학습하고 대화로 연습해 볼 수 있다.
(N: 명사, V: 동사, A: 형용사, Adv: 부사)

☑ **비즈니스 표현**
비즈니스 회화에서 사용할 수 있는 표현을 학습하고
예문을 만들어 익힐 수 있다.
(N: 명사, V: 동사, A: 형용사, Adv: 부사)

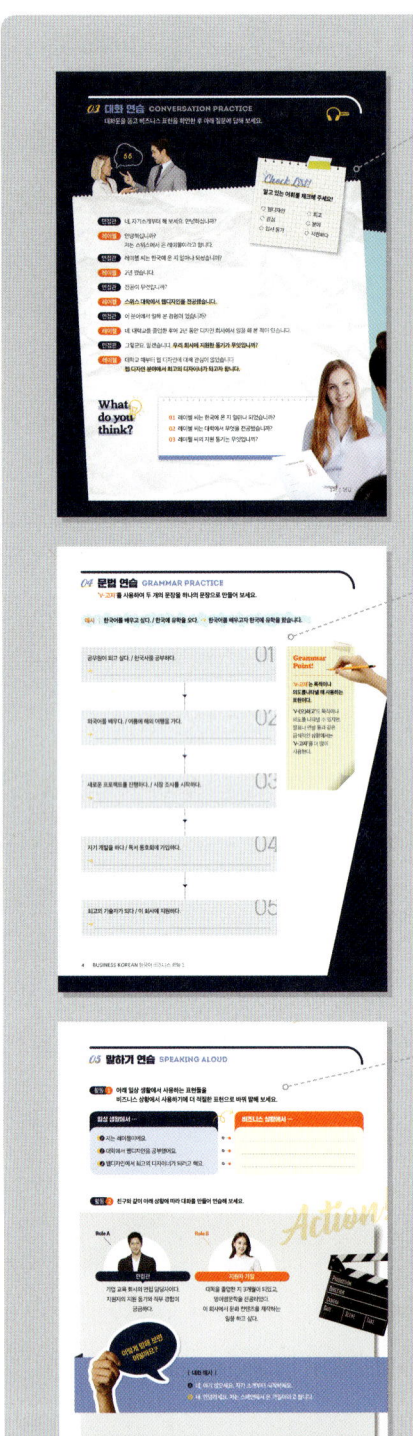

☑ 대화 연습
주제와 관련된 대화를 듣고, 핵심 패턴과 비즈니스 표현을 확인하고, 질문에 답하여 대화를 이해할 수 있다. 대화에 나와 있는 새로운 어휘를 확인할 수 있는 체크 리스트가 포함되어 있다.

☑ 문법 연습
연습 과제를 통해 핵심 문법을 익히고, 문법의 팁에서 해당 문법의 의미와 용법을 확인할 수 있다.

☑ 말하기 연습
일상생활 속 상황에서 사용하는 표현을 비즈니스 상황에서 더 적절하게 사용할 수 있는 표현으로 바꿔 말하기 연습하고 주어진 주제로 대화 연습하거나 혼자 말하기 연습을 할 수 있다.

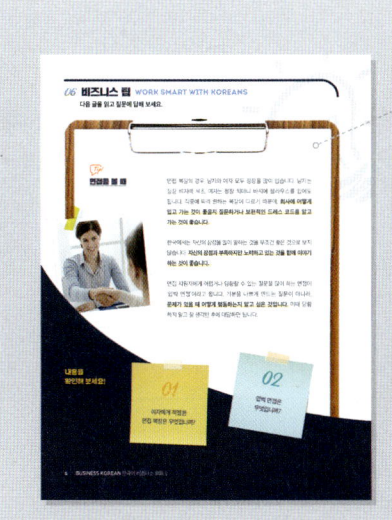

☑ 비즈니스 팁
한국 문화에서 독특한 점 및 한국 사회생활의 특징을 이해하고
한국인과 업무를 할 때 도움이 되는 내용을 학습할 수 있다.

☑ 이메일 쓰기
다양한 업무에 요구되는 이메일을 작성하는 연습을 할 수 있다.

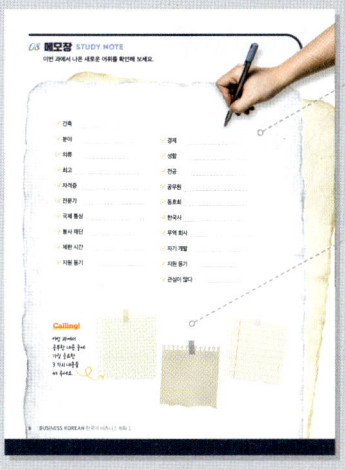

☑ 메모장
주어진 단과에서 나온 어휘를 자율적으로 복습할 수 있게
정리된 어휘장이다.

☑ Calling
이번 과의 내용을 학습하면서 기억에 남았던 내용을 기록하며 기억한다.

CONTENTS

1과 면접 — 11

학습목표
- 면접을 볼 때 적절한 방법으로 자기소개를 할 수 있다.
- 자신의 목적이나 의도를 나타내는 표현을 말할 수 있다.
- 입사 면접과 관련하여 궁금한 점을 질문하는 이메일을 작성할 수 있다.

비즈니스 표현
- 대학에서 N을/를 전공했습니다.
- N 분야에서 N이/가 되고자 합니다.
- N에서 일한 경험이 있습니다.

2과 직무 교육 — 19

학습목표
- 신입 사원으로서 자신을 소개하고 인사할 수 있다.
- 회의 자료 작성을 지시하거나, 상사의 요청에 적절하게 대답할 수 있다.
- 인사 담당자에게 감사 인사와 함께 입사 관련 서류를 송부하는 이메일을 작성할 수 있다.

비즈니스 표현
- 지금 V/A-ㅂ/습니까?
- 우선 N(으)로 오시겠습니까?
- V-아/어 주시기 바랍니다.

3과 실무 교육 — 27

학습목표
- 구체적인 업무 내용에 대한 상사의 질문이나 요청에 적절하게 대답할 수 있다.
- 업무 수행 중 해야 할 것, 하지 말아야 할 것을 지시하거나, 지시 사항을 이해할 수 있다.
- 업무를 진행하는 동안 선배에게 검토를 요청하는 이메일을 작성할 수 있다.

비즈니스 표현
- 다음 N(으)로 넘어가겠습니다.
- V-아야/어야 하겠다는 것입니다.
- 오늘 N은/는 이것으로 마칩시다.

4과 업무 보고 — 35

학습목표
- 주어진 업무를 완료하였는지 질문하거나, 상사의 질문에 적절하게 대답할 수 있다.
- 업무 보고 상황에서 자신의 실수에 대해 사과하거나 후회하는 마음을 표현할 수 있다.
- 담당 업무를 보고하고 피드백을 요청하는 이메일을 작성할 수 있다.

비즈니스 표현
- 아직 N을/를 완료하지 못했습니다.
- 무슨 N(이)라도 있었습니까?
- 언제까지 V-(으)ㄹ 수 있겠습니까?

5과 업무 협조 — 43

학습목표
- 다른 직원에게 적절한 방법으로 필요한 업무를 요청하고, 감사 인사를 할 수 있다.
- 격식을 갖춘 업무상 통화를 하며 자신을 소개하고, 상대방에 질문에 대답할 수 있다.
- 담당자에게 일정을 공지하고 업무 협조를 요청하는 이메일을 작성할 수 있다.

비즈니스 표현
- 여보세요? N1의 N2입니다.
- N(으)로 보내 드릴까요?
- N까지 함께 하시느라 힘드시겠네요.

6과 전화 통화 — 51

학습목표
- 회사 동료 대신 전화를 받고 격식적인 방법으로 적절하게 대화할 수 있다.
- 업무상 통화한 내용을 메모하거나 다른 사람에게 메모를 요청할 수 있다.
- 전화 통화 후 메모한 내용을 다른 사람에게 전달하는 이메일을 작성할 수 있다.

비즈니스 표현
- 지금 잠시 -(으)신 것 같습니다.
- 급히 N이/가 필요합니다.
- 언제쯤 …-(으)실 지 혹시 알 수 있을까요?

7과 일정 조율 59

학습목표
- 일정이나 계획의 변경을 요청하거나, 상대방의 변경 요청에 적절하게 대답할 수 있다.
- 간접 표현을 사용하여 다른 사람의 말을 제삼자에게 전달할 수 있다.
- 행사를 준비하기 위해 여러 사람들의 일정을 조율하는 이메일을 작성할 수 있다.

비즈니스 표현
- N이/가 어렵다고 합니다.
- N이/가 어렵다고 합니다.
- V-는 것이/것은 어떨까요?

8과 의견 제기 67

학습목표
- 적절한 방법으로 회사 내 문제점을 건의하거나 의견을 제안할 수 있다.
- 간접 표현을 사용하여 다른 사람의 질문을 제삼자에게 전달할 수 있다.
- 팀원들에게 회사를 위한 아이디어 제안을 요청하는 이메일을 작성할 수 있다.

비즈니스 표현
- N드리고/V-드리고 싶은 것이 있습니다.
- 어떤 N이/가 가장 많이 나오고 있습니까?
- V-아서/어서 요청 드리겠습니다.

9과 문제 해결 75

학습목표
- 문제 해결을 위해 상사 및 동료와 적절한 방법으로 의논할 수 있다.
- 간접 표현을 사용하여 다른 사람의 요청을 제삼자에게 전달할 수 있다.
- 다른 동료에게 회의 결과를 알리는 이메일을 작성할 수 있다.

비즈니스 표현
- 지난번 N에 대한 것입니다.
- N에 어떤 문제라도 있습니까?
- N에도 그렇게 전달하도록 하겠습니다.

10과 도움 요청 83

학습목표
- 적절한 방법으로 실무 담당자에게 도움을 요청하거나, 도움을 주는 대화를 할 수 있다.
- 다른 사람에게 위치를 안내하는 표현을 사용할 수 있다.
- 도움을 준 담당자에게 감사를 표현하고 요청 받은 파일을 첨부하는 이메일을 작성할 수 있다.

비즈니스 표현
- N을/를 자세히 V-아/어 주시겠어요?
- N이/가 보이실 겁니다.
- V-아/어 주셔서 감사합니다.

11과 회사 생활 91

학습목표
- 적절한 방법으로 동료에게 도움을 요청하거나 도움을 제공하는 대화를 할 수 있다.
- 다른 사람의 칭찬에 겸손하게 대답하는 표현을 사용할 수 있다.
- 동료들에게 업무와 관련된 일에 대해 어떤 의견이 있는지 문의하는 이메일을 작성할 수 있다.

비즈니스 표현
- N께서 V-(으)시겠는데요?
- N(으)로 준비해 봤습니다.
- V-(으)면 저야 감사하지요.

12과 복지 제도 99

학습목표
- 직장 동료와 사내 동호회, 야근 수당 등의 사내 복지에 대한 의견을 나눌 수 있다.
- 적절한 방법으로 회사 시설을 이용하는 방법을 질문하거나, 상대방의 질문에 대답할 수 있다.
- 직장 동호회 및 모임을 소개하고 회원을 모집하는 이메일을 작성할 수 있다.

비즈니스 표현
- N에도 양면성이 있죠.
- N을/를 하는 대신에
- N 면에서는 오히려 도움이 돼요.

13과 사내 행사 — 107

학습목표
- 행사에 대한 아이디어를 제안하고 그 아이디어에 대한 의견을 이야기할 수 있다.
- 두 가지 어휘를 나열하여 의미를 더 강조하는 표현을 사용해서 대화할 수 있다.
- 사내 행사를 공지하고 참석 여부를 조사하는 이메일을 작성할 수 있다.

비즈니스 표현
- N이/가 아니었으면 좋겠습니다.
- N을/를 하는 것은 어떨까요?
- V-(으)ㄹ 수 있는 기회로 삼을 수 있겠다

14과 출장 — 115

학습목표
- 적절한 방법으로 출장 일정에 대해 상사에게 보고할 수 있다.
- 다른 사람에게 보고하거나 어떤 행동을 명령하는 표현을 사용하여 대화할 수 있다.
- 여행사 담당자에게 비행 여정을 확인하는 이메일을 작성할 수 있다.

비즈니스 표현
- N(으)로 출발해야 할 시간입니다.
- N은/는 확인했습니까?
- V-은/는 것으로 합시다.

15과 휴가 — 123

학습목표
- 격식적인 상황에서 앞으로의 계획을 표현할 수 있다.
- 휴가나 출장을 가는 목적과 행선지 등에 대한 정보를 말할 수 있다.
- 직장 동료에게 자신을 일정을 알리고 업무 협조를 요청하는 이메일을 작성할 수 있다.

비즈니스 표현
- N 잘 보내고 오세요.
- N은/는 미리 작성해 두었습니다.
- N을/를 나눠 보도록 합시다.

16과 송년회 — 131

학습목표
- 한 해를 마무리하는 소감을 말할 수 있다.
- 격식적인 상황에서 미래에 어떤 일이나 상황이 되기를 희망하는 표현을 사용할 수 있다.
- 업무 담당자에게 해당 업무에 대한 정보를 요청하는 이메일을 작성할 수 있다.

비즈니스 표현
- V-느라 수고 많았습니다.
- A-(으)ㄴ 일이었다고 생각합니다.
- V-(으)ㄹ 수 있도록 해야겠군요.

부록 APPENDIX — 139

BUSINESS KOREAN | 성공하는 비즈니스 한국어 1

Lesson 01
면접

학습 목표

01 면접을 볼 때 적절한 방법으로 자기소개를 할 수 있다.

02 자신의 목적이나 의도를 나타내는 표현을 말할 수 있다.

03 입사 면접과 관련하여 궁금한 점을 질문하는 이메일을 작성할 수 있다.

이미지 토크
IMAGE TALK!

사진을 보고 키워드를 사용해서 상황을 설명하고 질문에 답해 보세요.

키워드

| 면접 | 전공 | 회사 | 지원하다 | 관심이 많다 |

Have you ever?

① 한국 회사에서 일해 본 적이 있어요?

② 아르바이트나 취직을 위해서 면접을 본 적이 있어요?

1과 | 면접 11

01 핵심 패턴 KEY EXPRESSIONS

아래 핵심 패턴 문장을 확인하고 질문에 답해 보세요.

① 저는 N(이)라고 합니다.
- 저는 **김철민**이라고 합니다.
- 저는 **크리스**라고 합니다.

② N이 무엇입니까?
- **전공**이 무엇입니까?
- **지원 동기**가 무엇입니까?

질문에 답해 보세요!

Q 성함이 어떻게 되세요?
A 저는 _____

Q 저희 회사 지원 동기가 무엇입니까?
A _____

02 비즈니스 표현 BUSINESS EXPRESSIONS

아래 비즈니스 표현을 확인하고 예시 문장을 만들어 보세요.

①
대학에서 N을/를 전공했습니다.
- 대학에서 **국제 통상**을 전공했습니다.
- 대학에서 **경제**를 전공했습니다.

②
N 분야에서 N이/가 되고자 합니다.
- **의류** 분야에서 **전문가**가 되고자 합니다.
- **건축** 분야에서 **전문 인력**이 되고자 합니다.

③
N에서 일한 경험이 있습니다.
- **무역 회사에서** 일한 경험이 있습니다.
- **봉사 재단에서** 일한 경험이 있습니다.

03 대화 연습 CONVERSATION PRACTICE

대화문을 듣고 비즈니스 표현을 확인한 후 아래 질문에 답해 보세요.

Check List!
알고 있는 어휘를 체크해 주세요!
- ○ 웹디자인
- ○ 최고
- ○ 관심
- ○ 분야
- ○ 입사 동기
- ○ 지원하다

면접관 네, 자기소개부터 해 보세요. 안녕하십니까?

레이첼 안녕하십니까?
저는 스위스에서 온 레이첼이라고 합니다.

면접관 레이첼 씨는 한국에 온 지 얼마나 되셨습니까?

레이첼 2년 됐습니다.

면접관 전공이 무엇입니까?

레이첼 **스위스 대학에서 웹디자인을 전공했습니다.**

면접관 이 분야에서 일해 본 경험이 있습니까?

레이첼 네. 대학교를 졸업한 후에 2년 동안 디자인 회사에서 일한 경험이 있습니다.

면접관 그렇군요. 알겠습니다. **우리 회사에 지원한 동기가 무엇입니까?**

레이첼 대학교 때부터 웹 디자인에 대해 관심이 많았습니다.
웹 디자인 분야에서 최고의 디자이너가 되고자 합니다.

What do you think?

01 레이첼 씨는 한국에 온 지 얼마나 되었습니까?
02 레이첼 씨는 대학에서 무엇을 전공했습니까?
03 레이첼 씨의 지원 동기는 무엇입니까?

04 문법 연습 GRAMMAR PRACTICE

'V-고자'를 사용하여 두 개의 문장을 하나의 문장으로 만들어 보세요.

예시 | 한국어를 배우고 싶다. / 한국에 유학을 오다. → 한국어를 배우고자 한국에 유학을 왔습니다.

01 공무원이 되다. / 한국사를 공부하다.
→ _____

02 외국어를 배우다. / 여름에 해외 여행을 가다.
→ _____

03 새로운 프로젝트를 진행하다. / 시장 조사를 시작하다.
→ _____

04 자기 개발을 하다 / 독서 동호회에 가입하다.
→ _____

05 최고의 기술자가 되다 / 이 회사에 지원하다.
→ _____

Grammar Point!

'V-고자'는 목적이나 의도를 나타낼 때 사용하는 표현이다.

'V-(으)려고'도 목적이나 의도를 나타낼 수 있지만, 발표나 연설 등과 같은 공식적인 상황에서는 'V-고자'를 더 많이 사용한다.

05 말하기 연습 SPEAKING ALOUD

활동 1 아래 일상 생활에서 사용하는 표현들을 비즈니스 상황에서 사용하기에 더 적절한 표현으로 바꿔 말해 보세요.

일상 생활에서 …	비즈니스 상황에서 …
① 저는 레이첼이에요.	
② 대학에서 웹디자인을 공부했어요.	
③ 웹디자인에서 최고의 디자이너가 되려고 해요.	

활동 2 친구와 같이 아래 상황에 따라 대화를 만들어 연습해 보세요.

Role A — 면접관
기업 교육 회사의 면접 담당자이다. 지원자의 지원 동기와 직무 경험이 궁금하다.

Role B — 지원자 가일
대학을 졸업한 지 3개월이 되었고, 영어영문학을 전공하였다. 이 회사에서 문화 컨텐츠를 제작하는 일을 하고 싶다.

이렇게 말해 보면 어떨까요?

| 대화 예시 |
Ⓐ 네, 여기 앉으세요. 자기 소개부터 시작하세요.
Ⓑ 네, 안녕하세요. 저는 스페인에서 온 가일이라고 합니다.

06 비즈니스 팁 WORK SMART WITH KOREANS

다음 글을 읽고 질문에 답해 보세요.

Tip! 면접을 볼 때

면접 복장의 경우, 남자와 여자 모두 정장을 많이 입습니다. 남자는 정장 바지에 셔츠, 여자는 정장 치마나 바지에 블라우스를 입어도 됩니다. 직종에 따라 원하는 복장이 다르기 때문에, **회사에 어떻게 입고 가는 것이 좋을지 질문하거나 보편적인 드레스 코드를 알고 가는 것이 좋습니다.**

한국에서는 자신의 장점을 많이 말하는 것을 무조건 좋은 것으로 보지 않습니다. **자신의 장점과 부족하지만 노력하고 있는 것을 함께 이야기 하는 것이 좋습니다.**

면접 지원자에게 어렵거나 당황할 수 있는 질문을 많이 하는 면접이 '압박 면접'이라고 합니다. 기분을 나쁘게 만드는 질문이 아니라, **문제가 있을 때 어떻게 행동하는지 알고 싶은 것입니다.** 이때 당황 하지 말고 잘 생각한 후에 대답하면 됩니다.

내용을 확인해 보세요!

01 여자에게 적절한 면접 복장은 무엇입니까?

02 압박 면접은 무엇입니까?

07 이메일 쓰기 EMAIL WRITING

아래 정보에 따라 이메일을 써 보세요.

나
→ 레이나 | 입사 지원자

수신인
→ IT Korean 인사 담당자
김유미 팀장

상황
IT를 전공한 레이나는 IT Korean에서 일하고 싶습니다. 인터넷에서 채용 공고를 보고 이메일로 지원하려고 합니다. 이력서 파일을 첨부하고 면접 시간과 장소를 질문하는 이메일을 써 보세요.

위와 같은 정보를 활용해서 이메일을 써 보세요.

보내기 | 미리보기 | 임시저장 | 내게 쓰기

받는 사람 ☐ 개인별 ☐
참조
제목 ☐ 중요! 입사 지원_레이나
파일첨부 내 PC | 네이버 클라우드

굴림 | 10pt

인사팀 김유미 팀장님께,

김유미 팀장님, 안녕하세요? 이번에 _____

_____

_____

_____

_____

_____

감사합니다.
레이나 드림

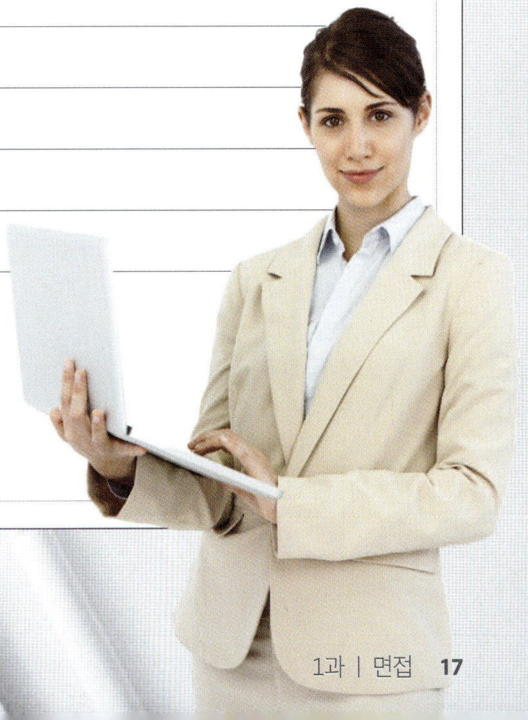

08 메모장 STUDY NOTE

이번 과에서 나온 새로운 어휘를 확인해 보세요.

- ☑ 건축 _____
- ☑ 분야 _____
- ☑ 의류 _____
- ☑ 최고 _____
- ☑ 자격증 _____
- ☑ 전문가 _____
- ☑ 국제 통상 _____
- ☑ 봉사 재단 _____
- ☑ 제한 시간 _____

- ☑ 경제 _____
- ☑ 성함 _____
- ☑ 전공 _____
- ☑ 공무원 _____
- ☑ 동호회 _____
- ☑ 한국사 _____
- ☑ 무역 회사 _____
- ☑ 자기 개발 _____
- ☑ 지원 동기 _____
- ☑ 관심이 많다 _____

Calling!

이번 과에서 공부한 내용 중에 가장 중요한 3가지 내용을 써 주세요.

BUSINESS KOREAN | 성공하는 비즈니스 한국어 1

Lesson 02
직무 교육

학습 목표

01
신입 사원으로서 자신을 소개하고 인사할 수 있다.

02
회의 자료 작성을 지시하거나, 상사의 요청에 적절하게 대답할 수 있다.

03
인사 담당자에게 감사 인사와 함께 입사 관련 서류를 송부하는 이메일을 작성할 수 있다.

Warm Up! 이미지 토크
IMAGE TALK!

사진을 보고 키워드를 사용해서 상황을 설명하고 질문에 답해 보세요.

키워드

| 업무 | 우선 | 자리 | 근무하다 | 담당하다 |

Have you ever?

① 교육을 위한 오리엔테이션에 참가해 본 적이 있어요?

② 격식적인 상황에서 자기 소개를 해 본 적이 있어요?

01 핵심 패턴 KEY EXPRESSIONS

아래 핵심 패턴 문장을 확인하고 질문에 답해 보세요.

❶ V-게 되어(서) 반갑습니다.
- 뵙게 되어(서) 반갑습니다.
- 만나게 되어(서) 반갑습니다.

❷ N에 / N 때 또 봅시다.
- 다음 달에 또 봅시다.
- 회의 때 또 봅시다.

질문에 답해 보세요!

Q 신입사원 주상 씨죠? 잘 오셨습니다.
A 팀장님, 안녕하세요?

Q 다음 미팅은 이번 주 목요일로 합시다.
A 네, 부장님.

02 비즈니스 표현 BUSINESS EXPRESSIONS

아래 비즈니스 표현을 확인하고 예시 문장을 만들어 보세요.

❶ 지금 V/A-ㅂ/습니까?
- 지금 통화 괜찮습니까?
- 지금 자리에 계십니까?

❷ 우선 N(으)로 오시겠습니까?
- 우선 이쪽으로 오시겠습니까?
- 우선 여기로 오시겠습니까?

❸ V-아/어 주시기 바랍니다.
- 자리에 앉아 주시기 바랍니다.
- 열심히 일해 주시기 바랍니다.

03 대화 연습 CONVERSATION PRACTICE

대화문을 듣고 비즈니스 표현을 확인한 후 아래 질문에 답해 보세요.

Check List!
알고 있는 어휘를 체크해 주세요!
- 결정되다
- 마케팅
- 신입사원
- 담당 업무
- 부서
- 인수인계
- 마무리하다
- 사무실
- 자리

송과장: 자, 오늘 회의는 우리 부서 신입사원 소개로 시작합시다.

크리스: 안녕하십니까! 마케팅팀 신입 사원으로 입사하게 된 크리스입니다. 잘 부탁드립니다.

송과장: 함께 일하게 되어서 반갑습니다. 앞으로 교육 잘 받고 **열심히 일해 주시기 바랍니다.**

크리스: 네, 최선을 다해서 열심히 하겠습니다.

송과장: 김 대리, **지금 많이 바쁩니까?** 김 대리가 크리스 씨 업무 안내를 해 줬으면 좋겠는데요.

김대리: 과장님. 지금 오후 회의 자료를 만드는 중입니다. 곧 마무리하고 업무 안내하도록 하겠습니다.

송과장: 그럼 잘 부탁합니다. 크리스 씨, 나중에 또 봅시다.

크리스: 네, 과장님. 다음에 뵙겠습니다.

김대리: 크리스 씨, **우선 이쪽으로 오시겠습니까?**
이곳이 우리 부서 사무실이고, 여기가 앞으로 크리스 씨가 사용할 자리입니다.

크리스: 네, 감사합니다. 대리님.

김대리: 아직은 크리스 씨 담당 업무가 결정되지 않았고,
이번 주에는 업무 인수인계를 진행할 예정이니까 이 문서들을 좀 읽고 있도록 하세요.

What do you think?

01 지금 김 대리는 무슨 업무를 진행 중입니까?
02 오늘 누가 크리스 씨의 업무 안내를 담당할 예정입니까?
03 크리스 씨가 이번 주에 주로 할 일은 무엇입니까?

04 문법 연습 GRAMMAR PRACTICE

'V-는 중이다'를 사용해서 문장을 완성해 보세요.

예시 | 가다 → ⓐ 어디 가세요? ⓑ 사장님 뵈러 사장실에 가는 중이에요.

01
교육받다
- ⓐ 요즘 회사 생활은 어때요?
- ⓑ 정신 없이 _____ 중이에요. 입사한 지 한 달 밖에 안 돼서 배울 것이 너무 많아요.

02
고치다
- ⓐ 어제 바빠 보이던데, 뭐 하고 있었어요?
- ⓑ 프린터를 _____ 중이에요. 프린터에서 종이가 잘 나오지 않아서요.

03
설치하다
- ⓐ 저 사람들은 뭐 하는 거예요?
- ⓑ 사무실 컴퓨터에 새로운 보안 프로그램을 _____ 중이에요.

04
작성하다
- ⓐ 무슨 일 있어요? 안색이 안 좋아 보여요.
- ⓑ 결과 보고서를 _____ 중인데 정리가 힘들어서 답답하네요.

05
고민하다
- ⓐ 요즘 수지 씨가 업무 때문에 힘들어 하는데 그냥 보고만 있어도 될까요?
- ⓑ 그 친구도 많이 _____ 이니까, 조금 기다려 봅시다.

Grammar Point!

'V-는 중이다'는 현재 진행, 지금 하고 있는 일을 나타낼 때 사용하는 표현이다.

비즈니스 상황에서 업무 진행 상황을 이야기하거나 이메일, 보고서와 같은 공식적인 글쓰기 상황에서는 'V-고 있다'보다 'V-는 중이다'를 많이 사용한다.

05 말하기 연습 SPEAKING ALOUD

활동 1 아래 일상 생활에서 사용하는 표현들을 비즈니스 상황에서 사용하기에 더 적절한 표현으로 바꿔 말해 보세요.

일상 생활에서 …	비즈니스 상황에서 …
❶ 오늘 많이 바빠요?	
❷ 우선 이쪽으로 오세요.	
❸ 열심히 일하세요.	

활동 2 친구와 같이 아래 상황에 따라 대화를 만들어 연습해 보세요.

Role A — 신입사원

회사에 입사했는데, 상사가 대학 동기다. 동기와 커피 한 잔 마시고 싶다. 요즘 직무 교육 중인데 일이 생각보다 힘들다.

Role B — 상사

친구가 같은 부서 신입 사원으로 들어와서 놀랐다. 둘이 있을 때는 친구처럼 지내고 싶다. 조금만 참으면 괜찮을 것이라고 위로한다.

이렇게 말해 보면 어떨까요?

| 대화 예시 |

Ⓐ 대리님, 커피 한 잔 하시겠습니까?
Ⓑ 둘이 있을 때는 그냥 친구처럼 지내자.

06 비즈니스 팁 WORK SMART WITH KOREANS

다음 글을 읽고 질문에 답해 보세요.

악수는 이렇게

악수는 오른손으로 하는 것이 기본이며, 악수하기 전에 손이 지저분하지 않은지 미리 확인하는 것이 좋습니다. 손끝만 살짝 잡는 것보다는 상대방과 손을 충분히 맞잡도록 해야 합니다. **여성, 지위가 높은 사람, 선배, 나이가 많은 사람이 주로 악수를 먼저 청하고, 이 반대의 사람들은 악수에 응하게 됩니다.**

기본적인 악수와 더불어 한국에서는 지위가 낮거나 나이가 어린 후배가 악수를 하면서 고개를 숙이는 것이 예의입니다. 그래서 한국은 유럽이나 미국에 비해 **악수를 할 때 두 사람 사이에 거리를 살짝 두는 편입니다.**

만약 서로가 어떤 직급(지위)에 있는지, 나이가 몇 살인지 모르고 만난다면, **두 사람이 함께 고개를 숙여 인사하고 악수를 하는 것이 좋습니다.**

내용을 확인해 보세요!

01 일반적으로 누가 악수를 먼저 청하는 편입니까?

02 두 사람이 서로의 나이나 직급을 모를 때, 어떻게 악수를 해야 합니까?

07 이메일 쓰기 EMAIL WRITING

아래 정보에 따라 이메일을 써 보세요.

나
→ 마케팅 팀에 입사 예정인 신입 사원

수신인
→ 기업 인사팀 담당자

상황
새로운 회사에 지원한 후 취직에 성공했습니다. 간단한 인사말을 포함하고 입사에 필요한 서류를 첨부하여 담당자에게 이메일을 보내세요.

위와 같은 정보를 활용해서 이메일을 써 보세요.

받는 사람	
참조	
제목	관련 서류 송부
파일첨부	내 PC / 네이버 클라우드

인사팀 김유미 팀장님께,

안녕하세요? 김유미 팀장님. 신입사원으로 입사하게 된 ○○○입니다.

다름이 아니라 _____

_____

_____

_____

_____

_____

감사합니다.
○○○ 드림

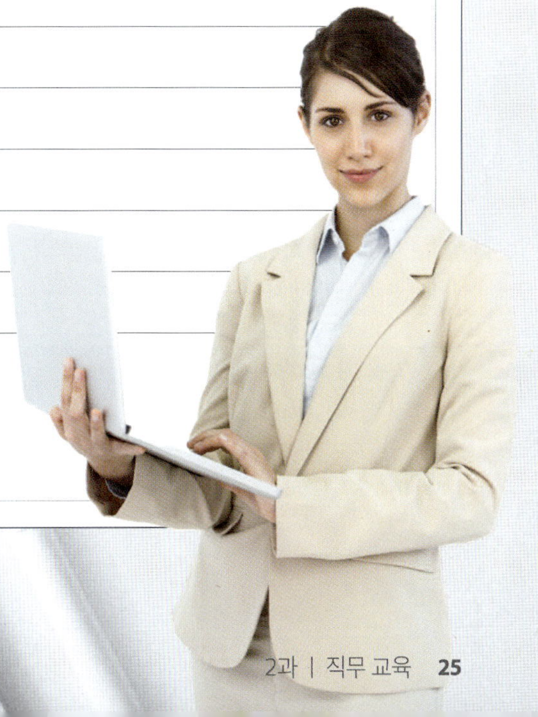

2과 | 직무 교육 25

08 메모장 STUDY NOTE

이번 과에서 나온 새로운 어휘를 확인해 보세요.

- ☑ 회의 자료 _____
- ☑ 문서 _____
- ☑ 담당 업무 _____
- ☑ 부서 _____
- ☑ 신입 사원 _____
- ☑ 보안 프로그램 _____
- ☑ 보고서 _____
- ☑ 인수인계 _____
- ☑ 정리하다 _____
- ☑ 직무 교육 _____

- ☑ 마무리하다 _____
- ☑ 뵙다 _____
- ☑ 설치하다 _____
- ☑ 안색 _____
- ☑ 업무 안내 _____
- ☑ 오리엔테이션 _____
- ☑ 인사말 _____
- ☑ 입사하다 _____
- ☑ 정신없이 _____
- ☑ 진행하다 _____

Calling!

이번 과에서 공부한 내용 중에 가장 중요한 3가지 내용을 써 주세요.

BUSINESS KOREAN | 성공하는 비즈니스 한국어 1

Lesson 03
실무 교육

학습 목표

01
구체적인 업무 내용에 대한 상사의 질문이나 요청에 적절하게 대답할 수 있다.

02
업무 수행 중 해야 할 것, 하지 말아야 할 것을 지시하거나, 지시 사항을 이해할 수 있다.

03
업무를 진행하는 동안 선배에게 검토를 요청하는 이메일을 작성할 수 있다.

이미지 토크 IMAGE TALK!

사진을 보고 키워드를 사용해서 상황을 설명하고 질문에 답해 보세요.

키워드

| 고객 | 마련하다 | 방안 | 요점 | 제공하다 |

Have you ever?

1. 어떤 일을 했는데 다른 사람에게 지적을 들은 적이 있어요?
2. 친구나 선배에게 자신의 글을 보여 주고 피드백을 받아 본 적이 있어요?

3과 | 실무 교육 27

01 핵심 패턴 KEY EXPRESSIONS

아래 핵심 패턴 문장을 확인하고 질문에 답해 보세요.

❶ N을/를 다시 말씀해 주세요.

- **요점을** 다시 말씀해 주세요.
- **주제를** 다시 말씀해 주세요.

❷ 구체적인 N은/는 없습니까?

- 구체적인 **방안은** 없습니까?
- 구체적인 **계획서는** 없습니까?

질문에 답해 보세요!

Q 저희 회사 주소는 동대문구 동남로 192입니다. 여기로 발송 부탁드립니다.
A 대리님, 잘 못 들었습니다. 죄송하지만 _____

Q 올해 송년 행사로는 전 직원 자원 봉사를 계획하려고 합니다.
A 김 팀장, 좀 더 _____

question & answer

02 비즈니스 표현 BUSINESS EXPRESSIONS

아래 비즈니스 표현을 확인하고 예시 문장을 만들어 보세요.

❶ 다음 N(으)로 넘어가겠습니다.

- 다음 **내용으로** 넘어가겠습니다.
- 다음 **페이지로** 넘어가겠습니다.

❷ V-아야/어야 하겠다는 것입니다.

- 일정을 **변경해야** 하겠다는 것입니다.
- 고객사 요구에 **맞춰야** 하겠다는 것입니다.

❸ N와/과 관련된 내용입니다.

- **토론 방법과** 관련된 내용입니다.
- **고객 서비스와** 관련된 내용입니다.

03 대화 연습 CONVERSATION PRACTICE

대화문을 듣고 비즈니스 표현을 확인한 후 아래 질문에 답해 보세요.

Check List!
알고 있는 어휘를 체크해 주세요!
- ○ 상반기 목표
- ○ 진행 상황
- ○ 요점
- ○ 불분명하다
- ○ 구체적이다
- ○ 마련하다

링링: 다음 주제로 넘어가겠습니다.

이팀장: 잠시만요. 링링 씨.
이 부분의 요점을 다시 말씀해 주세요.

링링: 네, 팀장님. 이번 상반기 목표는 고객에게 발전된 서비스를 제공해야 하겠다는 것입니다.

이팀장: 어떻게 더 좋은 서비스를 제공하겠다는 구체적인 계획은 없습니까?

링링: 죄송합니다. 아직 그것까지는 준비하지 못했습니다.

이팀장: 링링 씨는 아직 실무 교육 중이기는 하지만,
다른 팀원들과 논의해서 이번 달 안에 구체적인 계획을 마련해 보는 것이 어떨까요?

링링: 네. 최대한 빨리 회의를 거쳐 방안을 마련해 보겠습니다.

이팀장: 좋습니다. 그럼 이어서 발표해 주세요.

링링: 네, 알겠습니다. 다음은 제품 관리와 관련된 내용입니다.

What do you think?

01 이 팀장은 링링 씨의 설명을 들은 후에 무엇을 질문했습니까?

02 링링은 이번 달 안에 무엇을 해야 합니까?

03 이 팀장은 김 대리에게 무엇을 요청했습니까?

04 문법 연습 GRAMMAR PRACTICE

'V/A-(으)면 안 되다'를 사용하여 문장을 완성해 보세요.

예시 | 피우다 → 회사 건물 안에서 담배를 **피우면/피우시면** 안 됩니다.

01 주차하다
→ 오늘은 외부 차량이 많아서 여기에 _____ / _____ 안 됩니다.

02 사용하다
→ 보안 문제 때문에 개인 휴대폰을 _____ / _____ 안 됩니다.

03 작다
→ 프레젠테이션 화면의 글자가 이렇게 _____ 안 됩니다.

04 늦어지다
→ 보고서 완성이 제출 기한보다 _____ 안 됩니다.

05 하다
→ 회사에서는 아무리 친구 사이라도 상사에게 반말을 _____ / _____ 안 됩니다.

Grammar Point!

'V/A-(으)면 안 되다'는 동사나 형용사에 붙어 어떤 일에 대한 금지나 제한을 나타낼 때 사용하는 표현이다.

'V-지 말다'도 금지를 나타낼 수 있지만, 격식이 필요한 비즈니스 상황에서는 'V-(으)면 안 되다'를 많이 사용한다.

05 말하기 연습 SPEAKING ALOUD

활동 1 아래 일상 생활에서 사용하는 표현들을 비즈니스 상황에서 사용하기에 더 적절한 표현으로 바꿔 말해 보세요.

일상 생활에서 …	비즈니스 상황에서 …
① 이 부분 요점을 다시 한 번 알려 주실래요?	
② 이번 주 금요일까지 말씀 드릴게요.	
③ 오늘 회의는 여기까지 할게요.	

활동 2 친구와 같이 아래 상황에 따라 대화를 만들어 연습해 보세요.

팀장

실무 교육 중인 팀원이 보고서를 제대로 작성하지 않았다. 공식적인 글쓰기 연습을 하라고 조언하고, 다음 주 월요일까지 다시 제출하도록 지시한다.

신입 사원

입사한 지 얼마 되지 않아서 한국어로 보고서를 쓰는 것이 어렵다. 앞으로 노력하겠다고 대답한다.

| 대화 예시 |

Ⓐ 주상 씨, 작성한 보고서는 잘 봤습니다. 그런데 회사에서 작성하는 보고서는 이렇게 쓰면 안 됩니다.

Ⓑ 팀장님, 어떤 문제가 있는지 말씀해 주세요.

06 비즈니스 팁 WORK SMART WITH KOREANS

다음 글을 읽고 질문에 답해 보세요.

한국의 업무 주도형 직원 선호 문화

한국의 신입사원은 기대한 입사 전쟁을 치른 후 본격적인 업무를 담당하기까지 일정한 시간을 보내게 됩니다. 이때 업무를 주도적으로 하는 사람을 선호하는 경향이 많습니다. **새로운 프로젝트를 진행할 때 적극적으로 의견을 제시하고 업무를 자원하는 사원에게 기회가 더 주어지거나 긍정적인 평가를 받습니다.** 일본의 경우, 입사 후 보통 3년 정도는 기초적인 업무를 반복적으로 수행하여 실수가 없고 매뉴얼을 정확하게 익히는 것을 목표로 하는 반면 한국의 직장 문화는 다른 성향을 보입니다.

한국 드라마에서도 도전하는 신입 사원의 모습을 자주 볼 수 있습니다. 마케팅 회사의 영업부 신입 사원이 새로운 판매 아이디어로 길거리 등에서 물건을 판매하는 데 성공하는 이야기들이 등장합니다.
한국의 기업에서는 이처럼 **업무 주도형 인재를 만들기 위해 도서 구입비를 지원하거나, 직원 교육 프로그램을 제공하기도 합니다.** 간식을 지원하거나 낮잠을 자면서 새로운 아이디어를 얻을 여유를 주는 기업도 있습니다. 적극적인 투자와 더불어 직원의 아이디어를 존중하는 직장 문화가 정착된다면 매우 이상적일 것입니다.

내용을 확인해 보세요!

01 일본과 달리 한국에서는 어떤 업무 스타일의 직원을 선호하는 편입니까?

02 한국 기업에서는 인재를 교육하기 위해 어떤 종류의 지원을 합니까?

07 이메일 쓰기 EMAIL WRITING

아래 정보에 따라 이메일을 써 보세요.

나
→ 신입 사원

수신인
→ 회사 선배

상황

한국어로 프레젠테이션을 준비하는 데 어려움이 많아
회사 선배에게 도움을 받고자 합니다.
발표 자료를 첨부하고, 형식과 맞춤법 검토를 부탁하는
이메일을 보내세요.

위와 같은 정보를 활용해서 이메일을 써 보세요.

보내기 | 미리보기 | 임시저장 | 내게 쓰기

받는 사람 □ 개인별 | ______ | 주소록
참조 | ______ | 주소록
제목 □ 중요 ! | 보고서 수정 요청 | 약속잡기
파일첨부 | 내 PC | 네이버 클라우드

굴림 | 10pt

김유미 대리님께,

김 대리님, 안녕하세요? 영업팀 사원 ○○○입니다.

다음 주 주간 회의에서 발표를 맡았는데 ______________________________

____

____

____

____

____

감사합니다.
○○○ 드림

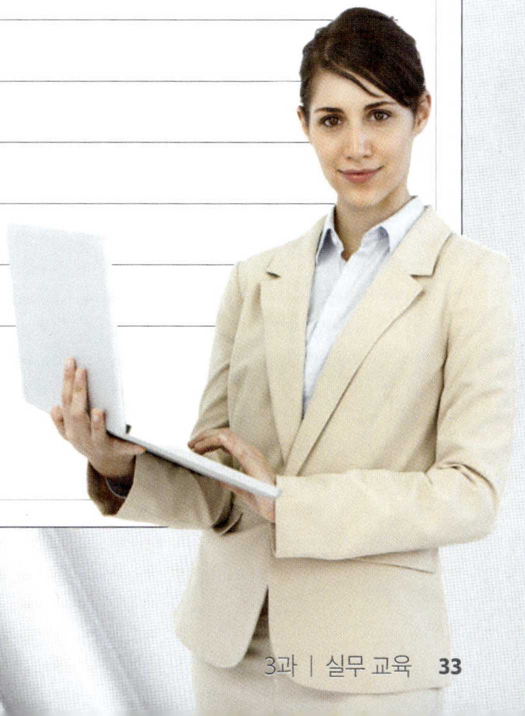

08 메모장 STUDY NOTE

이번 과에서 나온 새로운 어휘를 확인해 보세요.

- ✓ 공식적
- ✓ 불분명하다
- ✓ 기한
- ✓ 마련하다
- ✓ 마치다
- ✓ 실무 교육
- ✓ 보안
- ✓ 작성하다
- ✓ 제출
- ✓ 최대한
- ✓ 협의

- ✓ 구체적
- ✓ 담배를 피우다
- ✓ 방안
- ✓ 보고하다
- ✓ 상반기
- ✓ 외부 차량
- ✓ 요점
- ✓ 제공하다
- ✓ 주제
- ✓ 하반기
- ✓ 화면

Calling!

이번 과에서 공부한 내용 중에 가장 중요한 3가지 내용을 써 주세요.

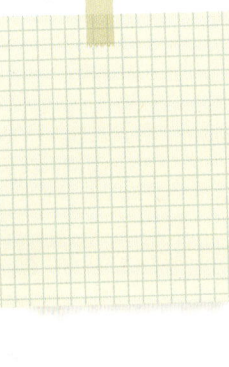

BUSINESS KOREAN | 성공하는 비즈니스 한국어 1

Lesson 04
업무 보고

💡 학습 목표

01
주어진 업무를 완료하였는지 질문하거나, 상사의 질문에 적절하게 대답할 수 있다.

02
업무 보고 상황에서 자신의 실수에 대해 사과하거나 후회하는 마음을 표현할 수 있다.

03
담당 업무를 보고하고 피드백을 요청하는 이메일을 작성할 수 있다.

이미지 토크 / IMAGE TALK!
Warm Up!

사진을 보고 키워드를 사용해서 상황을 설명하고 질문에 답해 보세요.

키워드
제출　기한　마감하다　사실　주의하다

Have you ever?

❶ 해야 할 일을 제 시간에 마치지 못한 적이 있습니까?

❷ 자신의 실수 때문에 속상하고 후회한 적이 있습니까?

01 핵심 패턴 KEY EXPRESSIONS

아래 핵심 패턴 문장을 확인하고 질문에 답해 보세요.

❶ N은/는 다 끝났습니까?

- **회의 준비는** 다 끝났습니까?
- **볼 일은** 다 끝났습니까?

❷ 빨리 V-아야/어야 합니다.

- 빨리 **가야** 합니다.
- 빨리 **이동하셔야** 합니다.

질문에 답해 보세요!

Q 가일 씨, 오늘 오후에 프레젠테이션이 있는데
A 네, 다 준비했습니다.

Q 이렇게 급하게 결정해야 하나요?
A 죄송하지만 상황이 급해서 빨리

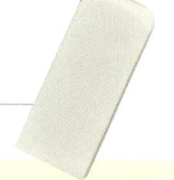

02 비즈니스 표현 BUSINESS EXPRESSIONS

아래 비즈니스 표현을 확인하고 예시 문장을 만들어 보세요.

❶
아직 N을/를 완료하지 못했습니다.

- 아직 **제작을** 완료하지 못했습니다.
- 아직 **검토를** 완료하지 못했습니다.

❷
무슨 N(이)라도 있었습니까?

- 무슨 **문제라도** 있었습니까?
- 무슨 **어려움이라도** 있었습니까?

❸
언제까지 V-(으)ㄹ 수 있겠습니까?

- 언제까지 **만들** 수 있겠습니까?
- 언제까지 **제출할** 수 있겠습니까?

03 대화 연습 CONVERSATION PRACTICE

대화문을 듣고 비즈니스 표현을 확인한 후 아래 질문에 답해 보세요.

Check List!
알고 있는 어휘를 체크해 주세요!

- 보고서
- 분석하다
- 판매 결과
- 마무리하다
- 늦어지다
- 처리하다
- 서투르다
- 정리하다

정 팀장: 가일 씨, 보고서 작성은 다 끝났습니까?

가일: 팀장님, 죄송합니다.
아직 보고서 작성을 완료하지 못했습니다.

정 팀장: **무슨 문제라도 있었습니까?** 왜 아직 완성이 안 된 거죠?

가일: 큰 문제가 있는 것은 아닙니다. 제가 조사한 판매 결과를 보고서에 넣어야 하는데, 아직 결과를 분석하는 중이라서 보고서 완성이 늦어졌습니다.

정 팀장: 처음이라 아직 서툰 것이 있겠지만 업무는 항상 기한을 맞추는 것이 중요합니다.

가일: 제가 좀 더 빨리 처리했어야 했는데 정말 죄송합니다.

정 팀장: 처음이니까 그럴 수 있습니다. **그럼 언제까지 마무리할 수 있겠습니까?**

가일: 내일 오후까지는 끝내겠습니다.

정 팀장: 알겠습니다. 내일 확인해 보도록 하지요. 빨리 정리하셔야 합니다.

What do you think?

01 가일 씨는 왜 기한 내에 보고서를 완성하지 못했습니까?
02 정 사장은 업무에서 무엇이 중요하다고 조언했습니까?
03 가일 씨는 언제까지 보고서를 완성할 예정입니까?

04 문법 연습 GRAMMAR PRACTICE

'V/A-았/었어야 했는데'를 활용하여 문장을 완성해 보세요.

예시 | 처리하다 → 빨리 **처리했어야 했는데** 정말 죄송합니다.

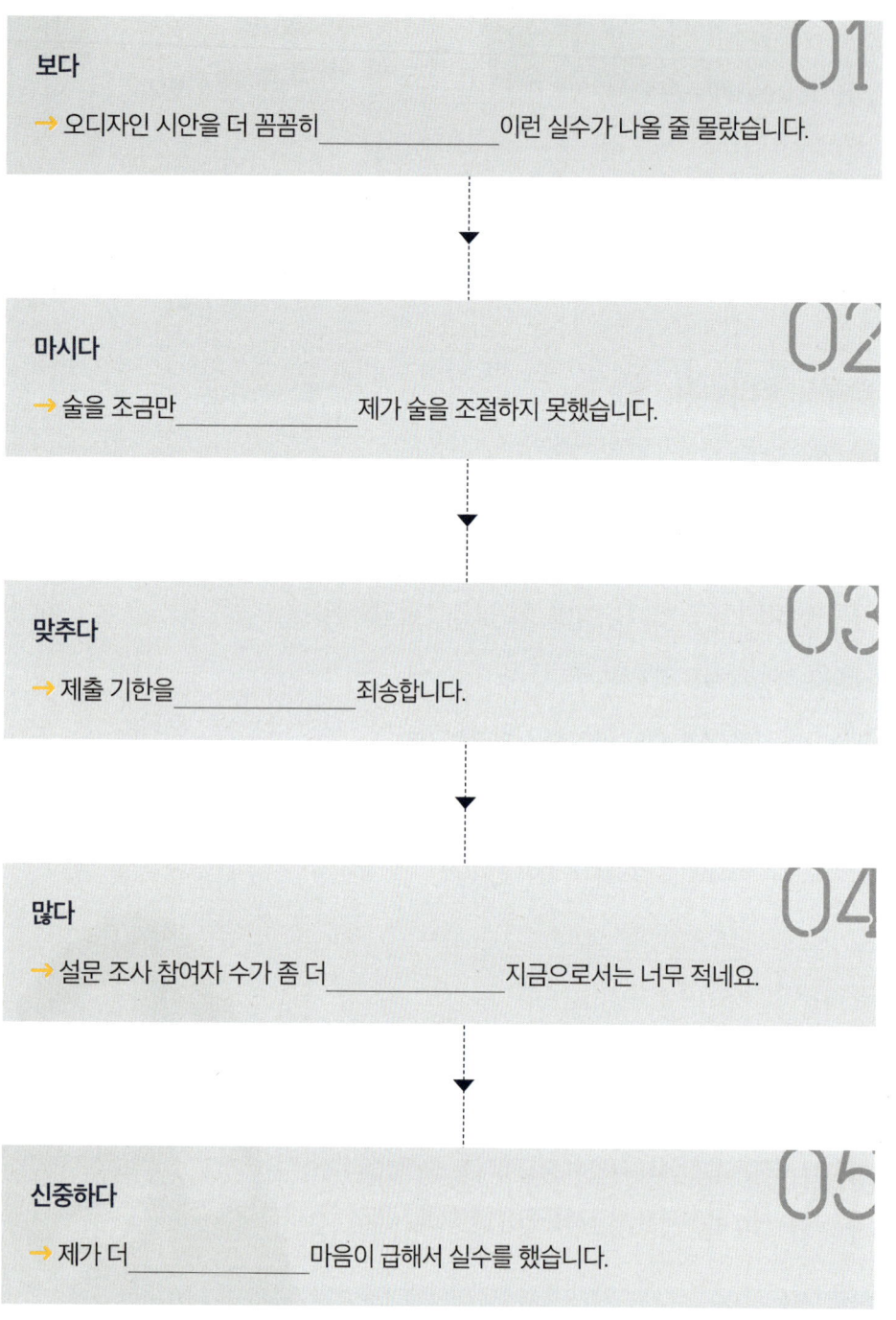

01 보다
→ 오디자인 시안을 더 꼼꼼히 _____ 이런 실수가 나올 줄 몰랐습니다.

02 마시다
→ 술을 조금만 _____ 제가 술을 조절하지 못했습니다.

03 맞추다
→ 제출 기한을 _____ 죄송합니다.

04 많다
→ 설문 조사 참여자 수가 좀 더 _____ 지금으로서는 너무 적네요.

05 신중하다
→ 제가 더 _____ 마음이 급해서 실수를 했습니다.

Grammar Point!

'V/A-았/었어야 했는데'는 동사나 형용사에 붙어 과거의 행동이나 상태를 후회할 때 사용하는 표현이다.

과거에 어떤 행동이나 상태가 필요했지만 발생하지 않았을 때, 또는 다른 방향으로 이루어졌을 때 아쉬움을 표현할 수 있다. **'V/A-았/었어야 했는데'**로 문장을 끝낼 수도 있고, 뒤에 문장이 이어질 수도 있다.

05 말하기 연습 SPEAKING ALOUD

활동 1 아래 일상 생활에서 사용하는 표현들을 비즈니스 상황에서 사용하기에 더 적절한 표현으로 바꿔 말해 보세요.

일상 생활에서 …	비즈니스 상황에서 …
① 보고서를 다 썼어요?	○—————
② 무슨 문제 있으세요?	○—————
③ 언제까지 끝낼 수 있어요?	○—————

활동 2 친구와 같이 아래 상황에 따라 대화를 만들어 연습해 보세요.

Role A — 1년차 사원
회사에서 실수를 자주 해서 스트레스를 많이 받는다. 어제도 업무 보고 기한을 맞추지 못해서 팀장님께 지적을 받았다.

Role B — 회사 동료
모든 사람은 처음에 실수할 수 있다고 위로한다. 일정이 나왔을 때 바로 기록하는 것이 중요하다고 조언한다.

이렇게 말해 보면 어떨까요?

| 대화 예시 |

Ⓐ 요즘 정말 스트레스가 심해요. 어제 팀장님께 또 지적을 받았어요.

Ⓑ 정말요? 무슨 문제라도 있었어요?

06 비즈니스 팁 WORK SMART WITH KOREANS

다음 글을 읽고 질문에 답해 보세요.

명함 교환은 이렇게

명함을 다른 사람에게 줄 때 왼손으로 오른손을 받치거나, 양손으로 모서리를 잡아서 이름이 상대방에게 잘 보이도록 하는 것이 올바른 자세입니다.

명함을 받은 후에는 대화를 이어갈 상대방의 직함, 이름을 빠르게 확인하여 다음 대화를 이어갈 때 직함을 잘못 부르는 일이 없도록 해야 합니다. 특히 한국에서는 명함을 교환한 후에도 직접 이름을 부르는 일이 거의 없고, '김 과장님', '이 팀장님'처럼 직함으로 이름을 대신하는 일이 많기 때문에 주의가 필요합니다.

명함을 받으면 회의 진행 동안에는 오른쪽이나 테이블의 비어 있는 공간에 놓아두고, 회의가 마무리되면 명함 지갑에 잘 넣고 나오도록 합니다.

내용을 확인해 보세요!

01 명함에는 보통 어떤 정보가 포함되어 있습니까?

02 명함을 줄 때 예의있는 자세는 무엇입니까?

07 이메일 쓰기 EMAIL WRITING

아래 정보에 따라 이메일을 써 보세요.

나
→ 신입 사원

수신인
→ 부서 정수현 팀장

상황
신입 사원인 '나'는 상사와 외근을 다녀 온 후 업무보고를 하게 되었는데, 작성 기한보다 늦게 보고서를 완성했습니다. 팀장님께 죄송함을 표현하고 보고서 피드백을 요청하는 이메일을 써 보세요.

위와 같은 정보를 활용해서 이메일을 써 보세요.

받는 사람	
참조	
제목	업무 보고_3월 12일 외근건
파일첨부	내 PC / 네이버 클라우드

정수현 팀장님께,

정 팀장님, 안녕하세요? 신입 사원 ○○○입니다.

3월 12일에 다녀 온 _____

_____

_____

_____

_____

_____

감사합니다.
○○○ 드림

08 메모장 STUDY NOTE

이번 과에서 나온 새로운 어휘를 확인해 보세요.

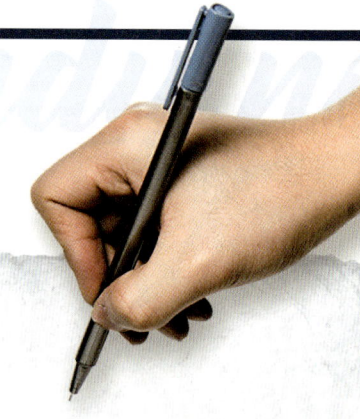

- ✓ 기록하다
- ✓ 지적을 받다
- ✓ 기록하다
- ✓ 판매 결과
- ✓ 늦어지다
- ✓ 신중하다
- ✓ 시안
- ✓ 위로하다
- ✓ 조사하다
- ✓ 어려움

- ✓ 검토하다
- ✓ 기한을 맞추다
- ✓ 꼼꼼하다
- ✓ 마무리하다
- ✓ 분석하다
- ✓ 실수하다
- ✓ 외근
- ✓ 이동하다
- ✓ 조절하다
- ✓ 참여자

Calling!

이번 과에서 공부한 내용 중에 가장 중요한 3 가지 내용을 써 주세요.

BUSINESS KOREAN | 성공하는 비즈니스 한국어 1

Lesson 05
업무 협조

학습 목표

01
다른 직원에게 적절한 방법으로 필요한 업무를 요청하고, 감사 인사를 할 수 있다.

02
격식을 갖춘 업무상 통화를 하며 자신을 소개하고, 상대방에 질문에 대답할 수 있다.

03
담당자에게 일정을 공지하고 업무 협조를 요청하는 이메일을 작성할 수 있다.

Warm Up! 이미지 토크 IMAGE TALK!

사진을 보고 키워드를 사용해서 상황을 설명하고 질문에 답해 보세요.

키워드

| 업무 | 담당자 | 부서 간 | 감사 인사 | 공동 회의 |

Have you ever?

① 격식적인 상황에서 전화 통화로 필요한 것을 요청해 본 적이 있어요?

② 전화나 이메일을 통해 다른 사람에게 감사 인사를 해 본 적이 있어요?

01 핵심 패턴 KEY EXPRESSIONS

아래 핵심 패턴 문장을 확인하고 질문에 답해 보세요.

① N에 계십니까?
- **사무실**에 계십니까?
- **회사 내**에 계십니까?

② N 건으로 연락 드렸습니다.
- **일정 조율** 건으로 연락 드렸습니다.
- **재고 처리** 건으로 연락 드렸습니다.

질문에 답해 보세요!

Q 네, 고객 관리팀의 진이슬입니다.
A 안녕하세요? 미카엘 팀장님 _____

Q 무슨 일로 전화 주셨습니까?
A 다름이 아니라 경력 사원 채용 _____

02 비즈니스 표현 BUSINESS EXPRESSIONS

아래 비즈니스 표현을 확인하고 예시 문장을 만들어 보세요.

❶ 여보세요? N의 ○○○입니다.
- 여보세요? **총무팀**의 **김미래**입니다.
- 여보세요? **기획팀**의 **에바**입니다.

❷ N(으)로 보내 드릴까요?
- **이메일로** 보내 드릴까요?
- **퀵(퀵서비스)으로** 보내 드릴까요?

❸ N까지 함께 하느라 힘드시겠네요.
- **프로젝트**까지 함께 하느라 힘드시겠네요.
- **행사 준비**까지 함께 하느라 힘드시겠네요.

03 대화 연습 CONVERSATION PRACTICE

대화문을 듣고 비즈니스 표현을 확인한 후 아래 질문에 답해 보세요.

Check List!
알고 있는 어휘를 체크해 주세요!

○ 출장
○ 불참하다
○ 협의하다
○ 첨부하다
○ 부서 간
○ 자리에 계시다

마케팅 팀 직원	여보세요? 마케팅 팀의 김진환입니다.
요코	안녕하세요. 디자인 팀의 요코입니다. 김영미 대리님 자리에 안 계십니까?
마케팅 팀 직원	죄송합니다만 김영미 대리님은 지금 출장 중이십니다. 무슨 일이세요?
요코	아, 그러신가요? 오늘까지 김 대리님께 받기로 한 디자인 피드백 건으로 연락 드렸습니다.
마케팅 팀 직원	아, 그 서류는 제가 가지고 있습니다. 제가 미리 전화를 드렸어야 했는데 정신이 없어서 잊어버렸습니다. 죄송합니다.
요코	아닙니다. 대리님 업무까지 함께 하시느라 힘드시겠네요. 바쁘실 텐데 감사합니다.
마케팅 팀 직원	그럼 파일 첨부하여 이메일로 보내 드릴까요?
요코	네, 감사합니다. 아, 혹시 김 대리님이 다음 주 부서 간 공동 회의에도 불참하시나요?
마케팅 팀 직원	아니요, 참석하실 예정입니다. 회의 일정은 김 대리님과 이메일로 협의하시면 될 것 같습니다.
요코	네, 감사합니다. 그럼 이메일 잘 부탁드리겠습니다.

What do you think?

01 요코 씨는 왜 마케팅팀 사무실에 전화했습니까?
02 요코 씨가 간 후에 마케팅 1팀 직원이 제일 먼저 할 일은 무엇입니까?
03 요코 씨는 다음 주 공동 회의 일정을 누구와 협의할 수 있습니까?

04 문법 연습 GRAMMAR PRACTICE

'V/A-(으)ㄹ 텐데'를 사용하여 두 개의 문장을 하나의 문장으로 만들어 보세요.

예시 | 피곤하다 → Ⓐ 어제도 밤을 새워 일했더니 졸려요. Ⓑ **피곤할 텐데** 얼른 집에 가서 쉬세요.

01 내리다
Ⓐ 저 거래처로 외근 다녀오겠습니다.
Ⓑ 네, 비가 계속 _____ 택시 타고 다녀오세요.

02 못하다
Ⓐ 2시까지 도착하지 _____ 큰일입니다.
Ⓑ 지금이라도 택시를 타고 가야 비행기를 제 시간에 탈 수 있어요.

03 어렵다
Ⓐ 힘내요. 이번 달이 지나면 일이 좀 편해질 거예요.
Ⓑ 그쪽 팀 일로도 마음이 _____ 우리 팀 걱정도 해줘서 고마워요.

04 싫어하다
Ⓐ 점심 시간에 새로 생긴 식당에 가 볼까요?
Ⓑ 안 그래도 궁금했어요. 강현 씨도 가고 _____ 연락해 볼까요?

05 계시다
Ⓐ 곧 프레젠테이션 시작이지요? 먼저 들어가 있겠습니다.
Ⓑ 김 대리, 아직 본부 미팅이 안 끝나서 다들 회의실에 _____, 잠깐 기다렸다가 들어가도록 해요.

Grammar Point!

'V/A-(으)ㄹ 텐데'는 동사나 형용사에 붙어 그럴 것 같다는 추측을 나타내는 표현이다.

나이가 많거나, 지위가 높은 사람에게 사용할 때는 '-(으)ㄹ 텐데' 대신 '-으실 텐데'로 말한다.

05 말하기 연습 SPEAKING ALOUD

활동 1 아래 일상 생활에서 사용하는 표현들을 비즈니스 상황에서 더 적절하게 사용할 수 있는 표현으로 바꿔 말해 보세요.

일상 생활에서 …	비즈니스 상황에서 …
① 김영미 대리님 안 계세요?	
② 디자인 피드백 때문에 전화했는데요.	
③ 대리님 업무도 있어서 힘들 것 같아요.	

활동 2 친구와 같이 아래 상황에 따라 대화를 만들어 연습해 보세요. (V/A-(으)ㄹ텐데 사용)

Role A 회사원
사무실 컴퓨터가 고장났는데, 한 시간 후에 화상 회의가 있어서 컴퓨터가 꼭 필요하다. 동료의 컴퓨터를 잠깐만 빌려 달라고 부탁한다.

Role B 사무실 동료
급한 일이 없기 때문에 컴퓨터를 빌려 줄 수 있다. 급할 텐데 편하게 쓰라고 말한다.

이렇게 말해 보면 어떨까요?

| 대화 예시 |

Ⓐ ○○○ 씨, 부탁 하나만 해도 돼요?
Ⓑ 왜요? 무슨 일이 있어요?

5과 | 업무 협조 47

06 비즈니스 팁 WORK SMART WITH KOREANS

다음 글을 읽고 질문에 답해 보세요.

자동차에 탈 때

일반적으로 운전석의 뒤편 대각선에 지위가 높은 사람이 앉습니다. 만약 상급자가 직접 운전을 할 때에는 운전석의 옆자리에 부하 직원이 우선적으로 앉아야 합니다. 여러 사람이 함께 차에 탄다면 차를 운전하는 사람과 주도적으로 이야기를 나눌 사람이 운전석 옆 자리에 앉습니다. 만약 운전자의 부인이 동승한다면, 운전석 옆자리는 부인석으로 합니다.

뒷문이 없는 차의 경우 뒷좌석에 앉으려면 앞 좌석을 접는 등 불편함이 있으므로, 운전석 옆 자리에 높은 사람이 앉는 편입니다.

내용을 확인해 보세요!

01 일반적인 상황에서 상급자가 앉는 자리는 어디입니까?

02 뒷문이 없는 경우 어느 자리가 상석(높은 사람이 앉는 자리)입니까?

07 이메일 쓰기 EMAIL WRITING

아래 정보에 따라 이메일을 써 보세요.

나
→ 마케팅1팀 사원

수신인
→ 홍보팀 회의 담당자
  김영미 대리

상황
다음 주 월요일 오후 1시 마케팅 1팀과 홍보팀의 공동 회의가 있습니다. 홍보팀 회의 담당자에게 회의 시간을 알리고 회의 장소를 예약해 달라고 부탁하는 이메일을 써 보세요.

위와 같은 정보를 활용해서 이메일을 써 보세요.

제목: [마케팅 1팀]공동 회의 시간, 장소 관련

홍보팀 김영미 대리님께,

김영미 대리님, 안녕하세요? 마케팅 팀의 ○○○입니다.

다름이 아니라, 다음 주 월요일 _____

_____

_____

_____

_____

감사합니다.
○○○ 드림

08 메모장 STUDY NOTE

이번 과에서 나온 새로운 어휘를 확인해 보세요.

- ✓ 격식적
- ✓ 경력 사원
- ✓ 공동 회의
- ✓ 담당자
- ✓ 본부
- ✓ 사무실
- ✓ 영상 제작
- ✓ 재고 처리
- ✓ 채용
- ✓ 피드백

- ✓ 기획팀
- ✓ 고장나다
- ✓ 불참(하다)
- ✓ 부서 간
- ✓ 업무
- ✓ 총무팀
- ✓ 일정 조율
- ✓ 퀵서비스
- ✓ 거래처
- ✓ 감사 인사

Calling!

이번 과에서 공부한 내용 중에 가장 중요한 3가지 내용을 써 주세요.

BUSINESS KOREAN | 성공하는 비즈니스 한국어 1

Lesson 06
전화 통화

💡 학습 목표

01
회사 동료 대신 전화를 받고 격식적인 방법으로 대화할 수 있다.

02
업무상 통화한 내용을 메모하거나 다른 사람에게 메모를 요청할 수 있다.

03
전화 통화 후 메모한 내용을 다른 사람에게 전달하는 이메일을 작성할 수 있다.

Warm Up! 이미지 토크
IMAGE TALK!

사진을 보고 키워드를 사용해서 상황을 설명하고 아래 질문에 답해 보세요.

키워드

| 언제쯤 | 연락처 | 돌아오다 | 메모를 남기다 | 자리를 비우다 |

Have you ever?

① 다른 사람에게 온 전화를 대신 받아서 통화한 적이 있어요?

② 업무상 전화한 내용을 메모해 본 적이 있어요?

6과 | 전화 통화 51

01 핵심 패턴 KEY EXPRESSIONS

아래 핵심 패턴 문장을 확인하고 질문에 답해 보세요.

❶ 네. N입니다.
- 네. **일본 대사관**입니다.
- 네. **김지은**입니다.

❷ N을/를 좀 전달해 주시겠습니까?
- **제 의견을** 좀 전달해 주시겠습니까?
- **말씀을** 좀 전달해 주시겠습니까?

질문에 답해 보세요!

Q 품질 관리팀 레이나 팀장님 자리에 계십니까?
A 네. 제가 _____. 무슨 일로 전화 주셨습니까?

Q 김 과장님은 어제부터 휴가로 출근하지 않으셨습니다.
A 아, 그럼 휴가에서 돌아오시면 이 _____

02 비즈니스 표현 BUSINESS EXPRESSIONS

아래 비즈니스 표현을 확인하고 예시 문장을 만들어 보세요.

❶
지금 잠시 V-(으)신 것 같습니다.
- 지금 잠시 **외출하신** 것 같습니다.
- 지금 잠시 **통화 중이신** 것 같습니다.

❷
급히 N이/가 필요합니다.
- 급히 **수정이** 필요합니다.
- 급히 **대책 회의가** 필요합니다.

❸
언제쯤 V-(으)실지 혹시 알 수 있을까요?
- 언제쯤 **가능하실지** 혹시 알 수 있을까요?
- 언제쯤 **끝나실지** 혹시 알 수 있을까요?

03 대화 연습 CONVERSATION PRACTICE

대화문을 듣고 비즈니스 표현을 확인한 후 아래 질문에 답해 보세요.

Check List!
알고 있는 어휘를 체크해 주세요!
- ○ 외출하다
- ○ 예산
- ○ 의논하다
- ○ 정확하다
- ○ 급히
- ○ 개인 번호
- ○ 변경되다
- ○ 전달하다

마이클 네. 강남 교육 센터입니다.

박 주임 안녕하세요? 저는 동작 교육 센터의 박진수입니다. 이민호 과장님 자리에 계십니까?

마이클 이민호 과장님은 **지금 잠시 외출하신 것 같습니다.**

박 주임 언제쯤 오실 지 혹시 알 수 있을까요?

마이클 정확한 시간을 말씀드리기 어려울 것 같습니다. 필요하시면 메모를 남겨 드릴까요?

박 주임 지난 번 의논했던 교육 사업의 예산이 변경되어 **급히 협의가 필요합니다.**

마이클 네. 그렇게 전해 드리도록 하겠습니다. 연락처는 어떻게 전달해 드리면 좋을까요?

박 주임 제 개인 번호를 좀 전달해 주시겠습니까? 010-2345-8888입니다.

마이클 네, 알겠습니다.

박 주임 감사합니다. 마이클 대리님.

What do you think?

01 이민호 과장님은 언제 사무실로 돌아 오십니까?
02 박 주임은 왜 이민호 과장님을 찾고 있습니까?
03 마이클은 이민호 과장님이 돌아오면 무엇을 할 예정입니까?

04 문법 연습 GRAMMAR PRACTICE

'V/A-도록'을 사용하여 문장을 만들어 보세요.

예시 | 진행되다 → 일이 빨리 **진행되도록** 노력하세요.

01 승진하다
→ 빨리 _____ 외국어 공부를 열심히 하세요.

02 않다
→ 못 온 사람들이 섭섭하지 _____ 따로 선물을 준비했습니다.

03 맞이하다
→ 내일 일찍 공항에 나가서 손님을 _____ 준비하세요.

04 걷다
→ 심하게 운동하지 말고 매일 조금씩 _____ 지도해 주십시오.

05 집중하다
→ 업무에 _____ 사무실 분위기를 만들어야 합니다.

Grammar Point!

'V/A-도록'은 뒤에 나오는 행동에 대한 목적을 나타낼 때 사용하는 표현이다.

동사의 경우 'V-(으)ㄹ 수 있도록'으로도 말할 수도 있다. 'V/A-게'도 목적을 나타내는 기능을 하지만 격식적인 비즈니스 상황에서는 'V/A-도록'을 더 많이 사용한다.

05 말하기 연습 SPEAKING ALOUD

활동 1 아래 일상 생활에서 사용하는 표현들을 비즈니스 상황에서 더 적절하게 사용할 수 있는 표현으로 바꿔 말해 보세요.

일상 생활에서 …	비즈니스 상황에서 …
① 예산이 바뀌어서 급하게 협의를 해야 합니다.	
② 언제 오시나요?	
③ 연락처는 어떻게 전해 드려요?	

활동 2 친구와 같이 아래 상황에 따라 대화를 만들어 연습해 보세요. (좀 전달해 주시겠습니까?)

Role A — 인사팀 사원
부서 동료 올가의 전화를 대신 받았다. 올가 씨는 잠시 자리를 비워 한 시간 후에 돌아올 예정이다.

Role B — 홍보팀 사원
홍보 영상 제작 건으로 올가 씨를 찾고 있다. 오늘 오후에 미팅이 가능한지 궁금하기 때문에 올가 씨에게 메모를 전달하고 싶다.

이렇게 말해 보면 어떨까요?

| 대화 예시 |

Ⓐ 여보세요? 올가 사원 대신 전화를 받은 인사팀 요코입니다.

Ⓑ 안녕하세요? 올가 씨 자리에 안 계십니까?

06 비즈니스 팁 WORK SMART WITH KOREANS

다음 글을 읽고 질문에 답해 보세요.

엘리베이터를 탈 때, 테이블에 앉을 때

엘리베이터를 탈 때는 직원(아랫사람)이 먼저 타서 엘리베이터의 층수 등을 눌러 둡니다. 엘리베이터의 버튼 앞에 서 있다가, 내릴 때에는 상사나 고객이 먼저 내린 뒤에 내립니다.

회의를 위해 테이블에 함께 앉을 때에도 알아 둘 것들이 있습니다. **회의실에서는 방의 안 쪽에 윗사람, 출입구에 가까운 쪽에 아랫사람이 앉습니다.** 손님을 초대한 경우, 의자나 테이블을 충분히 준비해서 준비성이 없다는 말을 듣지 않도록 하는 것이 좋습니다.

만약 자리가 부족한 경우에는 **초청을 한 회사의 아랫사람이 보조 의자를 사용합니다.**

내용을 확인해 보세요!

01 엘리베이터를 탈 때 아랫사람은 어디에 타야 합니까?

02 회의실에 의자가 부족할 때, 누가 보조 의자에 앉는 편입니까?

07 이메일 쓰기 EMAIL WRITING

아래 정보에 따라 이메일을 써 보세요.

나
→ 대리

수신인
→ 이민호 과장님

상황
박 주임이 전화한 내용을 이민호 과장님에게 전달하고자 합니다. 그런데 퇴근 전까지 이민호 과장님을 만날 수 없었기 때문에 이메일을 씁니다. 메모 내용과 박 주임의 연락처를 포함해서 이메일을 써 보세요.

위와 같은 정보를 활용해서 이메일을 써 보세요.

보내기 | 미리보기 | 임시저장 | 내게 쓰기

받는 사람 □ 개인별
참조
제목 □ 중요! 동작 교육 센터 메모 관련
파일첨부 내 PC | 네이버 클라우드

굴림 | 10pt

이민호 과장님께,

이민호 과장님, 안녕하세요? ○○○ 대리입니다.

다름이 아니라, 오늘 오후에 동작 교육 센터에서 박진수 주임님으로부터 전화가 왔습니다.

_____

_____

_____

_____

감사합니다.
○○○ 드림

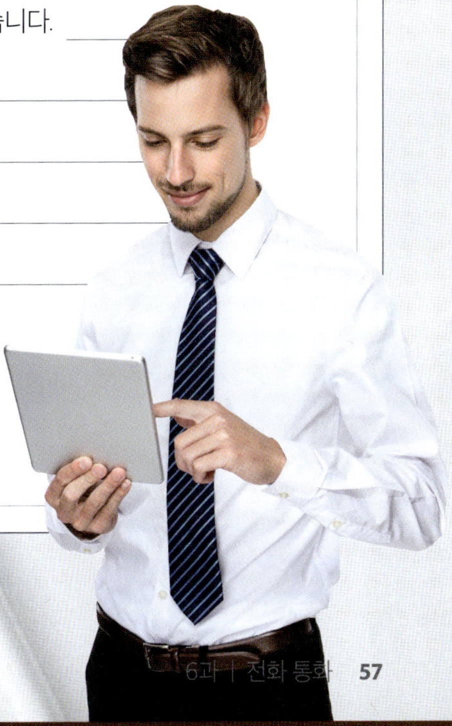

08 메모장 STUDY NOTE

이번 과에서 나온 새로운 어휘를 확인해 보세요.

- 연락처
- 대책 회의
- 대사관
- 맞이하다
- 수정(하다)
- 심하다
- 예산
- 메모를 남기다
- 의논(하다)
- 지도(하다)

- 개인 번호
- 돌아오다
- 분위기
- 섭섭하다
- 승진(하다)
- 언제쯤
- 의견
- 자리를 비우다
- 정확(하다)
- 품질 관리

Calling!

이번 과에서 공부한 내용 중에 가장 중요한 3 가지 내용을 써 주세요.

BUSINESS KOREAN | 성공하는 비즈니스 한국어 1

Lesson 07
일정 조율

학습 목표

01 일정이나 계획의 변경을 요청하거나, 상대방의 변경 요청에 적절하게 대답할 수 있다.

02 간접 표현을 사용하여 다른 사람의 말을 제삼자에게 전달할 수 있다.

03 행사를 준비하기 위해 여러 사람들의 일정을 조율하는 이메일을 작성할 수 있다.

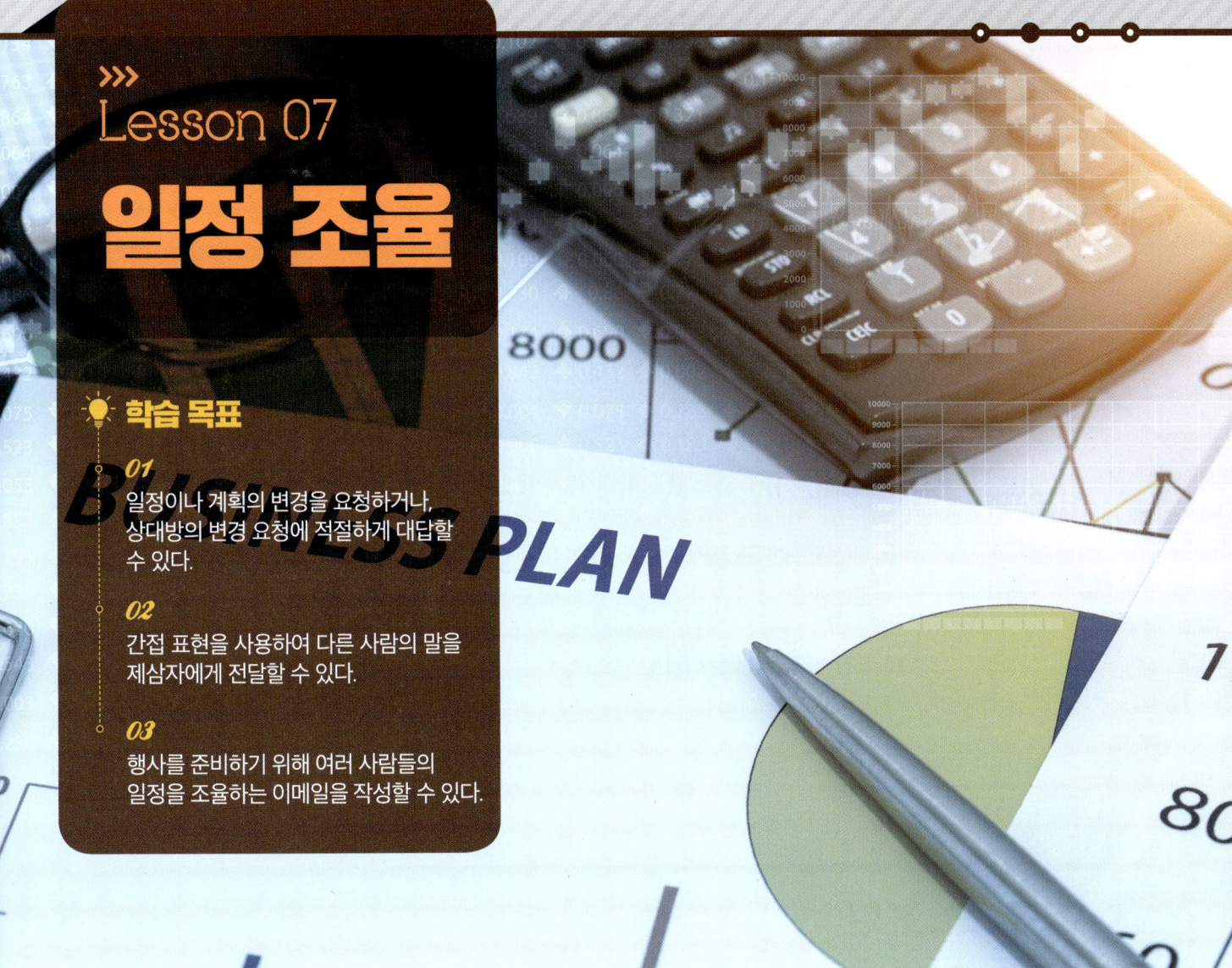

Warm Up! 이미지 토크 IMAGE TALK!

사진을 보고 키워드를 사용해서 상황을 설명하고 질문에 답해 보세요.

키워드

| 사유 | 간신히 | 잔소리 | 부탁하다 | 일정을 잡다 |

Have you ever?

1. 약속이나 모임의 시간, 장소를 변경하는 대화를 해 본 적이 있어요?
2. 모임을 준비하면서 여러 사람들의 일정을 조율해 본 적이 있어요?

01 핵심 패턴 KEY EXPRESSIONS

아래 핵심 패턴 문장을 확인하고 질문에 답해 보세요.

❶ 간신히 V-았/었는데...

- **간신히** 도착했는데...
- **간신히** 일어났는데...

❷ N(으)로 합시다

- 점심 식사는 **김치찌개**로 합시다.
- 이동은 편하게 **택시**로 합시다.

질문에 답해 보세요!

Q 지나 씨 이번 프레젠테이션 완성도가 아주 좋았어요.
A 간신히 _____ 데 좋게 봐주셔서 감사합니다.

Q 과장님, 점심식사는 어떻게 할까요?
A 점심 식사는 _____ 로 합시다.

02 비즈니스 표현 BUSINESS EXPRESSIONS

아래 비즈니스 표현을 확인하고 예시 문장을 만들어 보세요.

❶
N이/가 어렵다고 합니다.
- 예산 조정이 어렵다고 합니다.
- 인원 추가가 어렵다고 합니다.

❷
잠시 N을/를 봅시다.
- 잠시 자료를 봅시다.
- 잠시 내용을 봅시다.

❸
V-는 것이/것은 어떨까요?
- 잠시 쉬는 것이/것은 어떨까요?
- 내일 만나는 것이/것은 어떨까요?

03 대화 연습 CONVERSATION PRACTICE

대화문을 듣고 비즈니스 표현을 확인한 후 아래 질문에 답해 보세요.

Check List!
알고 있는 어휘를 체크해 주세요!
- 잔소리
- 대여
- 일정을 잡다
- 신청하다
- 변경 사유
- 윗분

링링 팀장님, 드릴 말씀이 있는데요.
아무래도 공동 회의 일정을 바꿔야 할 것 같습니다.

민 팀장 전 인원 스케줄 고려해서 간신히 회의 일정을 잡았는데 무슨 일인가요?

링링 수요일에 급한 사내 공사 때문에 <mark>회의실 대여가 어렵다고 합니다.</mark>

민 팀장 갑자기 일정이 바뀌어서 부장님, 과장님께 잔소리를 들을 수도 있겠군.

링링 회의실의 일정 때문이니, 이유를 말씀드리면 두 분께서도 이해해 주시지 않을까요?

민 팀장 윗분들의 인식은 우리 기대와 다르니까요.

링링 화요일은 대여가 가능하다고 하는데, <mark>화요일로 변경하는 것은 어떨까요?</mark>

민 팀장 <mark>잠시 업무 일정을 봅시다.</mark>

링링 네. 확인하시고 괜찮으시면 화요일 오전 11시에 회의실을 사용할 수 있도록 신청하겠습니다.

민 팀장 흠… 그날 조금 바쁘긴 하지만 어쩔 수 없네요. 그날로 합시다.

What do you think?

01 링링 씨는 왜 공동 회의 일정을 바꿔야 한다고 말했습니까?

02 민 팀장은 회의 일정 변경에 대해 무엇을 걱정하고 있습니까?

03 링링 씨와 민 팀장은 언제 회의를 할 예정입니까?

04 문법 연습 GRAMMAR PRACTICE

'V-ㄴ/는다고, A-다고 하다'를 사용하여 대화문을 간접 인용문으로 만들어 보세요.

예시 | "지금 많이 바쁘십니다." → 지금 많이 **바쁘시다고 합니다.**

01
"날씨가 갑자기 더워졌습니다."
→ _____

02
"보통 지하철로 출근합니다."
→ _____

03
"오늘 저녁에 부서 회식이 있을 겁니다."
→ _____

04
"야근을 매일 하는데 월급이 너무 적어요."
→ _____

05
"그 회사는 작년 연 매출이 50억을 넘었어요."
→ _____

Grammar Point!

'V-ㄴ/는다고, A-다고 하다'는 동사와 형용사에 붙어 평서문을 다른 사람에게 전달할 때 사용하는 표현이다.

05 말하기 연습 SPEAKING ALOUD

활동 1 아래 일상 생활에서 사용하는 표현들을 비즈니스 상황에서 더 적절하게 사용할 수 있는 표현으로 바꿔 말해 보세요.

일상 생활에서 …
1. 회의실을 빌리는 게 어렵다고 해요.
2. 화요일로 바꾸는 건 어때요?
3. 잠깐 업무 일정을 봐요.

비즈니스 상황에서 …

활동 2 친구와 같이 아래 상황에 따라 대화를 만들어 연습해 보세요.

 Role A — 사원

다음 주 월요일에 고객사와 미팅 때문에 팀 주간 회의가 화요일로 미루어야 하는 상황이다. 그러나 팀 주간 회의는 매주 월요일에 진행해 왔다. 어떻게 하면 좋은지 선배에게 물어보고 싶다.

 Role B — 대리

이야기를 듣고, 과장님이 오늘 자리에 안 계시니까 전화나 문자로 과장님께 상황을 설명하고 회의 일정을 변경할 수 있을지 여쭤보라고 조언한다.

이렇게 말해 보면 어떨까요?

| 대화 예시 |

Ⓐ 대리님, 여쭤볼 것이 있습니다.
Ⓑ 네, 무슨 일이라도 있습니까?

06 비즈니스 팁 WORK SMART WITH KOREANS

다음 글을 읽고 질문에 답해 보세요.

Tip!
선물할 때

한국에는 부정청탁 및 금품 등 수수의 금지에 대한 법률, 일명 '**김영란법**'이 있습니다. **공직자들에게 선물이나 현금이 오고 가는 것이 사회적인 문제가 되면서 한 국회의원이 의견을 내서 만들어진 법**입니다.

이 **법이 적용되는 대상은 '국회, 법원, 정부 공공기관, 학교, 언론사, 방송사업자, 인터넷신문사업자 등**'입니다. 이 단체에서 일하는 사람들에게 선물을 주기 전에는 법적으로 선물을 할 수 있는지 잘 알아 보아야 합니다. 만약, 이 법을 어기면 처벌을 받을 수 있습니다.

우선 공직자들은 자신의 일과 직접적인 관련이 있는 사람이나 기업으로부터 어떤 선물도 주고받을 수 없습니다. 직접적인 이해 관계가 없이 사교, 의례적인 인사 목적으로 제공되는 선물은 가능하지만 가격에 제한이 있습니다. 농수산물(꽃, 화분, 과일 등)과 다른 종류의 선물을 합하여 10만원을 넘으면 안 되고, 다른 종류의 선물도 5만원을 넘어서는 안 됩니다.

내용을 확인해 보세요!

01 일명 '김영란법'은 왜 만들어졌습니까?

02 공직자가 사교, 의례적인 목적으로 선물을 줄 때 어떤 가격 제한이 있습니까?

07 이메일 쓰기 EMAIL WRITING

아래 정보에 따라 이메일을 써 보세요.

나
→ 연구개발팀 신입 사원

수신인
→ 연구개발팀 팀원들

상황
다음 주 퇴근 후 팀 회식이 있을 예정입니다. 가능한 요일과 시간을 알려 달라는 이메일을 써 보세요. 부장님도 회식에 잠깐 들르신다고 말씀하셨는데, 출장 때문에 월요일 저녁에 참여하실 수 없다는 이야기도 이메일로 함께 전달하세요.

위와 같은 정보를 활용해서 이메일을 써 보세요.

받는 사람	
참조	
제목	[연구개발팀]팀 회식 일정 조율 관련
파일첨부	내 PC 네이버 클라우드

연구개발팀 팀원 분들께,

안녕하세요? 연구개발팀의 ○○○입니다.

다름이 아니라, 다음 주 퇴근 후 _____

_____

_____

_____

감사합니다.
○○○ 드림

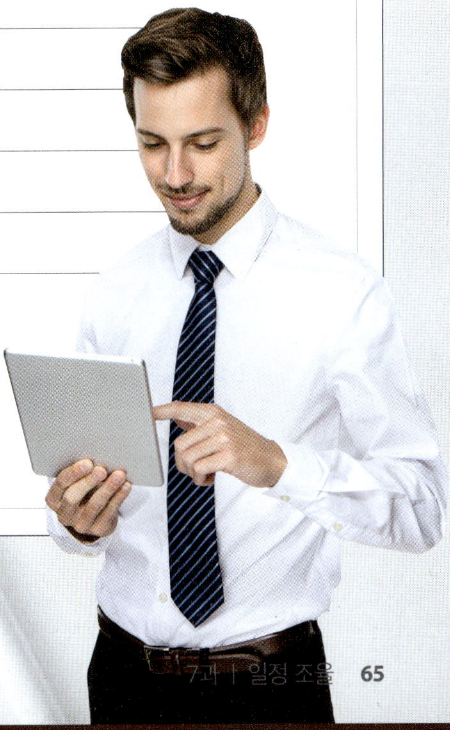

08 메모장 STUDY NOTE

이번 과에서 나온 새로운 어휘를 확인해 보세요.

- 결제
- 사유
- 담당자
- 분식집
- 운영팀
- 고려하다
- 대여하다
- 시장 조사
- 완성하다
- 추가하다

- 물품
- 간신히
- 들르다
- 여쭙다
- 잔소리
- 김치찌개
- 부탁하다
- 액세서리
- 조언하다
- 일정을 잡다

Calling!

이번 과에서 공부한 내용 중에 가장 중요한 3 가지 내용을 써 주세요.

BUSINESS KOREAN | 성공하는 비즈니스 한국어 1

Lesson 08
의견 제기

학습 목표

01 적절한 방법으로 회사 내 문제점을 건의하거나 의견을 제안할 수 있다.

02 간접 표현을 사용하여 다른 사람의 질문을 제삼자에게 전달할 수 있다.

03 팀원들에게 회사를 위한 아이디어 제안을 요청하는 이메일을 작성할 수 있다.

Warm Up! 이미지 토크 IMAGE TALK!

사진을 보고 키워드를 사용해서 상황을 설명하고 질문에 답해 보세요.

키워드

| 미팅 | 제안 | 공모전 | 고객 불만 | 의견 제기 |

Have you ever?

① 여러 사람들과 해결 방법을 찾기 위해 고민해 본 적이 있어요?

② 문제를 해결하는 방법이나 아이디어를 떠올리고 제안해 본 적이 있어요?

01 핵심 패턴 KEY EXPRESSIONS

아래 핵심 패턴 문장을 확인하고 질문에 답해 보세요.

❶ 일단 V-아/어 보세요.

- 일단 저쪽 건물로 **가** 보세요.
- 일단 **연락해** 보세요.

❷ V-는 것이 좋다고 생각합니까?

- 어떻게 **하는 것이** 좋다고 생각합니까?
- 어디로 **예약하는 것이** 좋다고 생각합니까?

질문에 답해 보세요!

Q 실장님, 전화 연락이 안 오는데 어떻게 할까요?
A 음… 잠깐 _____

Q 회식 장소는 어디로 _____ 생각합니까?
A 요즘 잘 나가는 중식당이 있는데 어떠세요?

02 비즈니스 표현 BUSINESS EXPRESSIONS

아래 비즈니스 표현을 확인하고 예시 문장을 만들어 보세요.

❶ N드리고/V-아/어드리고 싶은 것이 있습니다.

- **제안** 드리고 싶은 것이 있습니다.
- **보여** 드리고 싶은 것이 있습니다.

❷ 어떤 N이/가 가장 많이 나오고 있습니까?

- 어떤 **의견이** 가장 많이 나오고 있습니까?
- 어떤 **논의가** 가장 많이 나오고 있습니까?

❸ V-아서/어서 요청드리겠습니다.

- **정리해서** 요청드리겠습니다.
- **바꿔서** 요청드리겠습니다.

03 대화 연습 CONVERSATION PRACTICE

대화문을 듣고 비즈니스 표현을 확인한 후 아래 질문에 답해 보세요.

Check List!
알고 있는 어휘를 체크해 주세요!

○ 고객
○ 매뉴얼
○ 배포
○ 불친절
○ 불만
○ 살피다
○ 전화 상담
○ 홈페이지 게시판

영준 사장님, **회의 시작 전에 말씀드리고 싶은 것이 있습니다.**

김 사장 어떤 것인가요?

영준 요즘 우리 회사의 서비스에 대해 고객 불만이 많은 편입니다.

김 사장 그래요? 어떤 불만이 가장 많이 나오고 있습니까?

영준 전화 상담 시 불친절한 서비스를 받았다는 글이 저희 회사 홈페이지 게시판에 많이 올라왔습니다.

김 사장 큰 문제가 되기 전에 해결해야겠군요. **어떻게 하는 것이 좋다고 생각합니까?**

영준 어제 회의에서 나온 방안은 상황에 따라 고객에게 어떻게 말하는 것이 좋을지 매뉴얼을 만들어 배포하는 것이었습니다.

김 사장 좋은 생각이군요. 진행하도록 하세요. 지원이 필요한 부분이 있습니까?

영준 **곧 정리해서 요청 드리겠습니다.**

김 사장 알겠습니다. 매뉴얼 배포 후에도 고객 반응을 계속 살펴 보세요.

What do you think?

01 영준 씨는 회의 시작 전 김 부장에게 무엇을 이야기했습니까?

02 어제 회의에서 어떤 방법으로 문제를 해결하기로 결정했습니까?

03 김 부장은 영준 씨에게 매뉴얼 배포 후에 무엇을 할 것을 지시했습니까?

04 문법 연습 GRAMMAR PRACTICE

'V-(느)냐고 하다, A-(으)냐고'를 사용하여 대화문을 간접 인용문으로 만들어 보세요.

예시 | "지금 많이 바빠요?" → 지금 많이 바쁘냐고 합니다.

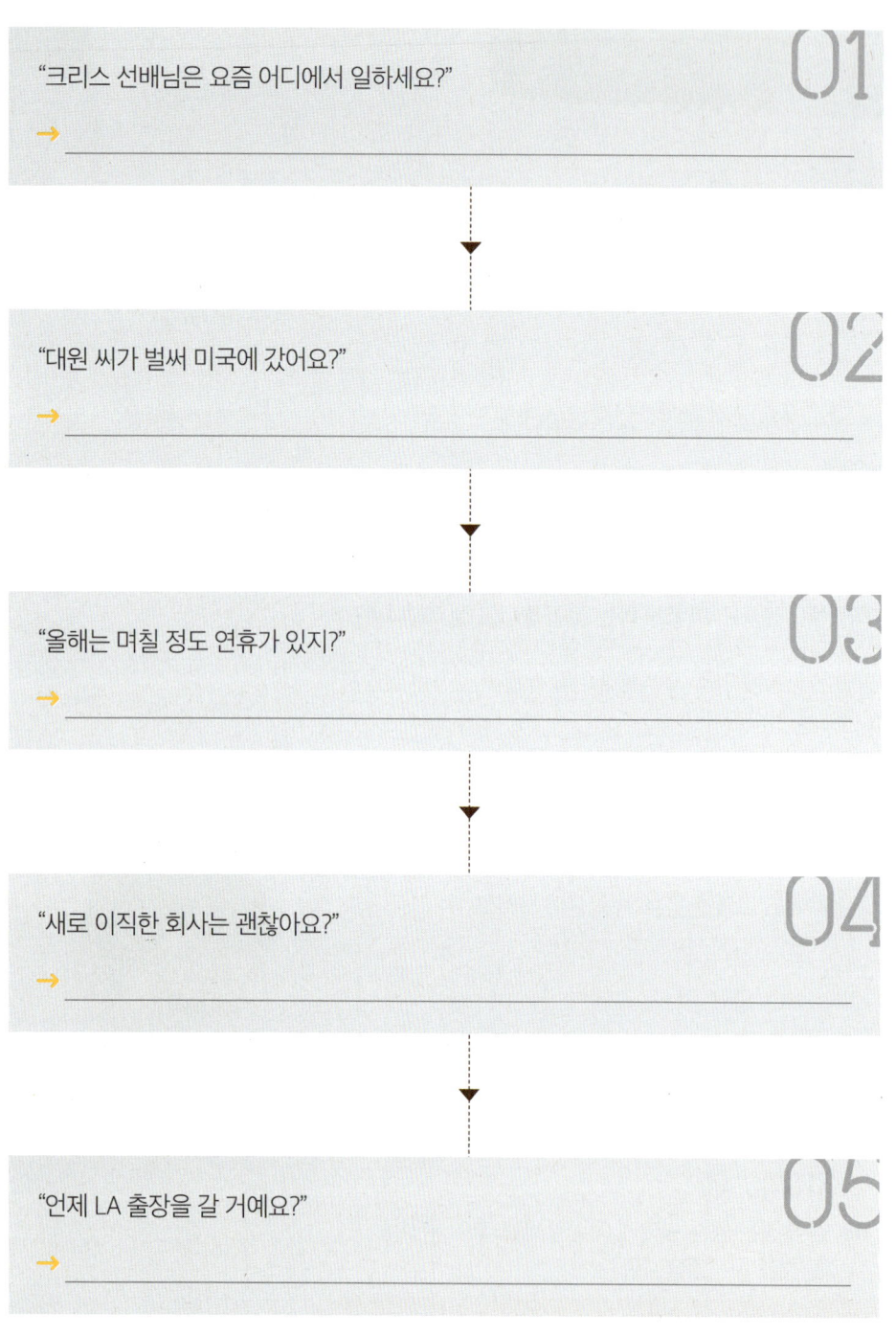

01 "크리스 선배님은 요즘 어디에서 일하세요?"
→ _____

02 "대원 씨가 벌써 미국에 갔어요?"
→ _____

03 "올해는 며칠 정도 연휴가 있지?"
→ _____

04 "새로 이직한 회사는 괜찮아요?"
→ _____

05 "언제 LA 출장을 갈 거예요?"
→ _____

Grammar Point!

'V-느냐고, A-(으)냐고 하다'는 동사와 형용사에 붙어 의문문을 다른 사람에게 전달할 때 사용하는 표현이다.

05 말하기 연습 SPEAKING ALOUD

활동 1 아래 일상 생활에서 사용하는 표현들을 비즈니스 상황에서 더 적절하게 사용할 수 있는 표현으로 바꿔 말해 보세요.

일상 생활에서 …	비즈니스 상황에서 …
❶ 할 말이 있는데요.	
❷ 어떻게 하면 좋을까요?	
❸ 고객 반응을 계속 살펴요.	

활동 2 친구와 같이 아래 상황에 따라 대화를 만들어 연습해 보세요.

Role A — 회사 선배
회사 게시판에 고객이 불만을 나타낸 글이 많이 올라왔다. 회사에서는 빨리 해결 방법을 찾고자 한다. 인턴 사원에게 아이디어가 없냐고 질문한다.

Role B — 인턴 사원
글을 올린 고객들에게 직접 연락을 해서 문제를 해결하는 방법을 제안한다. 회사 이미지를 좋게 할 수 있는 이벤트를 계획하는 방법도 생각해 낸다.

이렇게 말해 보면 어떨까요?

| 대화 예시 |

Ⓐ 크리스 씨, 지금 바빠요?
Ⓑ 아닙니다. 선배님. 무슨 일이십니까?
Ⓐ 요즘 회사 게시판에 고객의 불만 글이 많이 올라와서 문제가 되고 있어요.

06 비즈니스 팁 WORK SMART WITH KOREANS

다음 글을 읽고 질문에 답해 보세요.

술을 마실 때

가까운 사람끼리 술을 마실 때와 달리 업무상 술을 마실 때에는 한국의 술 문화를 잘 알고 예의를 지키는 것이 좋습니다. 윗사람에게 술을 권할 때 한 손으로는 술병을 들고, 다른 손으로는 그 손을 받쳐야 합니다. 윗사람이 따라주는 술을 받을 때에도, 역시 한 손으로 다른 손을 받쳐 받아야 합니다. 또한 나이가 많거나 지위가 높은 사람 앞에서는 고개를 살짝 옆으로 돌려 두 손으로 술잔을 들고 조심스럽게 마시는 것이 필수적으로 지켜야 하는 예의입니다.

요즘은 한국의 회식, 술 문화가 많이 바뀌었지만 예전에는 상대방이 술을 권할 때 첫 번째 잔은 거절하지 않고 받는 것을 예의라고 생각했습니다. 술의 양은 잔의 80% 정도로 채우는 것이 적당하고, 술잔이 모두 비었을 때 다음 술을 따르는 것이 한국의 예절입니다.

내용을 확인해 보세요!

01 나이가 많거나 지위가 높은 사람에게 술을 따를 때 어떻게 해야 합니까?

02 술잔은 언제 다시 채우는 것이 일반적인 예의입니까?

07 이메일 쓰기 EMAIL WRITING

아래 정보에 따라 이메일을 써 보세요.

나

→ 홈쇼핑 회사 고객관리부 사원

수신인

→ 고객관리부 전 팀원

상황

여름 휴가 시즌을 맞이하여 회사 이미지와 판매 촉진을 위해 고객 이벤트를 진행한다는 이메일을 받았다. 이메일 내용을 전달하며 좋은 아이디어를 제시한 사원은 상금을 받을 수 있다는 사실도 알린다.

위와 같은 정보를 활용해서 이메일을 써 보세요.

보내기 | 미리보기 | 임시저장 | 내게 쓰기

받는 사람 □ 개인별 ________ 주소록

참조 ________ 주소록

제목 □ 중요! [고객관리부] 여름 이벤트 아이디어 공모전 약속잡기

파일첨부 내 PC | 네이버 클라우드

굴림 | 10pt | 가 갈 가 가 갈

고객관리부 전 팀원분들께,

안녕하세요? 고객관리부 ○○○ 사원입니다.

다름이 아니라, 이번 여름 휴가 시즌에는 ________________________________

____

____

____

____

감사합니다.
○○○ 드림

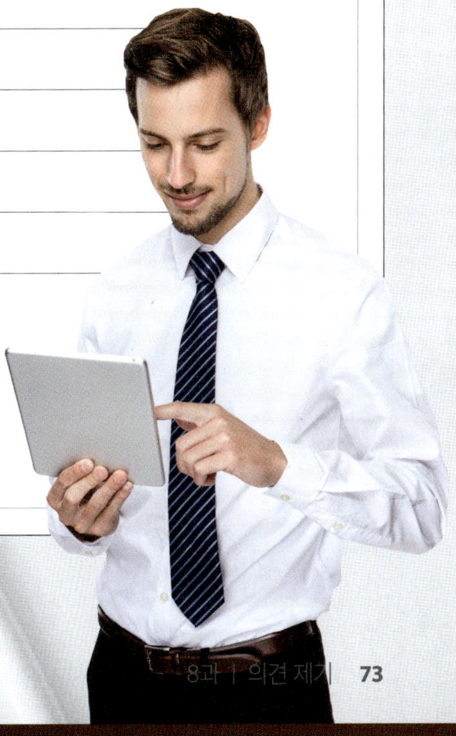

08 메모장 STUDY NOTE

이번 과에서 나온 새로운 어휘를 확인해 보세요.

- ✓ 고객 불만 _____
- ✓ 홈쇼핑 _____
- ✓ 게시판 _____
- ✓ 방안 _____
- ✓ 여름 휴가 _____
- ✓ 상금 _____
- ✓ 의견 제기 _____
- ✓ 매뉴얼 _____
- ✓ 제안 _____
- ✓ 인턴 사원 _____

- ✓ 고객 관리 _____
- ✓ 고객 반응 _____
- ✓ 공모전 _____
- ✓ 배포 _____
- ✓ 연락하다 _____
- ✓ 연휴 _____
- ✓ 이직하다 _____
- ✓ 중식당 _____
- ✓ 지원 _____
- ✓ 판매 촉진 _____

Calling!

이번 과에서 공부한 내용 중에 가장 중요한 3가지 내용을 써 주세요.

BUSINESS KOREAN | 성공하는 비즈니스 한국어 1

Lesson 09
문제 해결

학습 목표

01
문제 해결을 위해 상사 및 동료와 적절한 방법으로 의논할 수 있다.

02
간접 표현을 사용하여 다른 사람의 말을 제삼자에게 전달할 수 있다.

03
다른 사람에게 회의 결과를 알리는 이메일을 작성할 수 있다.

Warm Up! 이미지 토크
IMAGE TALK!

사진을 보고 키워드를 사용해서 상황을 설명하고 질문에 답해 보세요.

키워드

| 안건 | 의논 | 상의하다 | 전달하다 | 추가 예산 |

Have you ever?

❶ 여러 사람들과 해결 방법을 찾기 위해 고민해 본 적이 있어요?

❷ 여러분의 의견을 제안했는데 거절당한 적이 있어요?

9과 | 문제 해결 75

01 핵심 패턴 KEY EXPRESSIONS

아래 핵심 패턴 문장을 확인하고 질문에 답해 보세요.

❶ **N드릴 일이 있습니다.**

- 말씀드릴 일이 있습니다.
- 의논드릴 일이 있습니다.

❷ **V-는 것이 좋다고 생각합니까?**

- 어떻게 하는 것이 좋다고 생각합니까?
- 어디로 예약하는 것이 좋다고 생각합니까?

질문에 답해 보세요!

Q 부장님, _____
A 네, 말씀해 보세요.

Q 그래서 _____ 생각합니까?
A 일단은 조금 더 지켜 보는 것이 최선이라고 생각합니다.

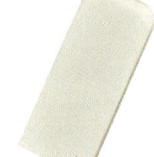

02 비즈니스 표현 BUSINESS EXPRESSIONS

아래 비즈니스 표현을 확인하고 예시 문장을 만들어 보세요.

❶
지난번 N에 대한 것입니다.
- 지난번 **안건에** 대한 것입니다.
- 지난번 **시장 조사에** 대한 것입니다.

❷
N에 어떤 문제라도 있습니까?
- **진행에** 어떤 문제라도 있습니까?
- **부서에** 어떤 문제라도 있습니까?

❸
N에도 그렇게 전달하도록 하겠습니다.
- **법무팀에도** 그렇게 전달하도록 하겠습니다.
- **거래처에도** 그렇게 전달하도록 하겠습니다.

03 대화 연습 CONVERSATION PRACTICE

대화문을 듣고 비즈니스 표현을 확인한 후 아래 질문에 답해 보세요.

Check List!
알고 있는 어휘를 체크해 주세요!
○ 예산   ○ 논의
○ 경제적   ○ 상반기
○ 상의하다   ○ 확정되다

제인 이 과장님, 지금 시간 괜찮으신가요?

이 과장 네. 제인 씨, 무슨 일 있어요?

제인 프로젝트 관련해서 상의드릴 일이 있습니다.

이 과장 상반기 팀 프로젝트? 무슨 일인데요?

제인 네. 프로젝트 예산에 대한 것입니다.

이 과장 **예산에 어떤 문제라도 있나요?**

제인 현재 확정되어 있는 예산이 부족할 것으로 판단됩니다.
부서에서는 예산을 늘리자는 의견이 나오는 중입니다.

이 과장 무슨 말인지는 알겠지만, **지난번 사장님과 논의를 한 결과,** 추가 예산은
더 이상 사용할 수 없다고 결론을 내렸습니다.

제인 그럼, **부서에도 그렇게 전달하도록 하겠습니다.**

이 과장 네. 힘들겠지만 예산을 경제적으로 사용해 보자고 전해 주세요.

What do you think?

01 제인 씨는 무슨 일로 이 과장과 상의를 하고 싶었습니까?
02 이 과장은 추가 예산에 대해 어떻게 생각합니까?
03 이 과장은 제인 씨 부서 사람들에게 무슨 말을 전해 달라고 했습니까?

04 문법 연습 GRAMMAR PRACTICE

'V-자고 하다'를 사용하여 대화문을 간접 인용문으로 만들어 보세요.

예시 | "오늘 저녁에 회식을 합시다." → 오늘 저녁에 회식을 하자고 합니다.

01
"내일 회의는 화상 회의로 진행합시다."
→ _____

02
"버스가 오지 않으니 택시를 타고 가죠."
→ _____

03
"우리 먼저 식당에 들어가요."
→ _____

04
"박람회 일정을 변경해 봅시다."
→ _____

05
"오늘은 야근 없이 바로 퇴근합시다."
→ _____

Grammar Point!

'V-자고 하다'는 동사에 붙어 청유문을 다른 사람에게 전달할 때 사용하는 표현이다.

'ㅂ/읍시다' 어미 이외에도 같이 무엇을 하자는 의미가 있는 문장일 때, 이 간접 인용문을 사용할 수 있다.

05 말하기 연습 SPEAKING ALOUD

활동 1 아래 일상 생활에서 사용하는 표현들을 비즈니스 상황에서 더 적절하게 사용할 수 있는 표현으로 바꿔 말해 보세요.

일상 생활에서 …	비즈니스 상황에서 …
❶ 할 얘기가 있는데요.	
❷ 지난번 사장님하고 논의를 했는데,	
❸ 부서에도 그렇게 이야기할게요.	

활동 2 친구와 같이 아래 상황에 따라 대화를 만들어 연습해 보세요.

Role A
마케팅 회사 대리
연봉이 올라가지 않고, 승진도 느려서 고민이 많다. 이 회사에서 계속 일하는 것이 괜찮을지, 이직을 하는 것이 좋을지 모르겠다.

Role B
회사 동료
현재 월급과 회사의 복지에 만족한다. 입사 동기가 회사를 떠나지 않으면 좋겠다. 같이 회사에서 일하자고 말한다.

이렇게 말해 보면 어떨까요?

| 대화 예시 |

Ⓐ 지원 씨, 지원 씨는 이직 생각을 한 적이 있어요?

Ⓑ 아니요. 저는 우리 회사에 만족해서 이직 생각은 안 해 봤어요. 왜요? 무슨 문제라도 있어요?

06 비즈니스 팁 WORK SMART WITH KOREANS

다음 글을 읽고 질문에 답해 보세요.

Tip! 한국의 실내에서

한국에서 비행기를 처음 타는 친구가 있을 때 비행기를 탈 때는 신발을 벗어야 한다고 장난을 치는 경우가 있습니다. 한국은 집에서 신발을 신지 않기 때문에, 비행기 안에 들어갈 때에도 신발을 벗으라고 농담하는 것입니다.

한국 집의 바닥은 대부분 카펫이 아닌 매끄러운 장판으로 되어 있고, 사람들은 집 현관에 신발을 벗어 놓고 들어갑니다. 바닥에 앉아서 쉬고, 텔레비전을 보고, 밥을 먹고, 잠을 자는 좌식 문화가 오랫동안 지속되었기 때문입니다.

한국 회사 동료나 상사의 집에 초대를 받게 되면 신발은 집의 현관에 잘 정리해 두고 들어가는 것이 예의입니다. 요즘은 식탁이 있는 식당도 많이 생겨났지만, 아직도 많은 식당에서는 신발을 벗고 바닥에 앉아서 먹어야 합니다. 이런 경우를 대비해서 양말이나 스타킹을 잘 신어 두는 것이 좋습니다.

내용을 확인해 보세요!

01 한국 사람들은 왜 현관에 신발을 벗어 놓고 집에 들어갑니까?

02 다른 사람의 집에 초대를 받았을 때 어떻게 하는 것이 예의입니까?

07 이메일 쓰기 EMAIL WRITING

아래 정보에 따라 이메일을 써 보세요.

나
→ 마케팅팀 주임

수신인
→ 마케팅팀 팀원들

상황

프로젝트 예산을 늘릴 수 있을 지 부장님과 상의했지만,
부장님께서는 예산을 늘리는 것이 어렵다고 이야기하셨습니다.
현재 상황을 팀원들에게 알리고, 현재 예산을 경제적으로
사용해 달라는 부탁도 같이 전달하는 이메일을 써 보세요.

위와 같은 정보를 활용해서 이메일을 써 보세요.

보내기 | 미리보기 | 임시저장 | 내게 쓰기

받는 사람 ☐ 개인별 ☐ ______ 주소록
참조 ______ 주소록
제목 ☐ 중요 ! [마케팅팀] 예산 상의 결과 약속잡기
파일첨부 내 PC | 네이버 클라우드

굴림 | 10pt | 가 가 가 가 가

마케팅팀 팀원분들께,

안녕하세요? 마케팅팀 주임 OOO입니다.

다름이 아니라, 지난 번에 저희 팀에서 이야기한 예산 문제를 이 부장님과 상의하였습니다.

상의를 한 결과, ____

____

____

____

감사합니다.
OOO 드림

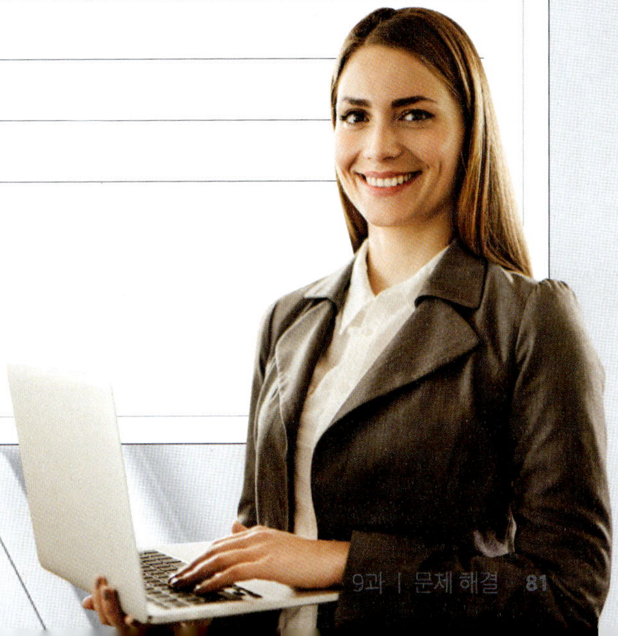

08 메모장 STUDY NOTE

이번 과에서 나온 새로운 어휘를 확인해 보세요.

- ✓ 주임
- ✓ 박람회
- ✓ 복지
- ✓ 상반기
- ✓ 상의하다
- ✓ 승진
- ✓ 야근
- ✓ 의논
- ✓ 입사 동기
- ✓ 추가 예산

- ✓ 거래처
- ✓ 법무팀
- ✓ 부서
- ✓ 부족하다
- ✓ 시장 조사
- ✓ 안건
- ✓ 연봉
- ✓ 이직
- ✓ 전달하다
- ✓ 화상 회의

Calling!

이번 과에서 공부한 내용 중에 가장 중요한 3가지 내용을 써 주세요.

BUSINESS KOREAN | 성공하는 비즈니스 한국어 1

Lesson 10
도움 요청

학습 목표

01
적절한 방법으로 실무 담당자에게 도움을 요청하거나, 도움을 주는 대화를 할 수 있다.

02
다른 사람에게 목적지를 안내하는 표현을 사용할 수 있다.

03
도움을 준 담당자에게 감사를 표현하고 요청받은 파일을 첨부하는 이메일을 작성할 수 있다.

이미지 토크
IMAGE TALK!

사진을 보고 키워드를 사용해서 상황을 설명하고 질문에 답해 보세요.

키워드

| 확인 | 도움 요청 | 상담원 | 동료 | 서비스 센터 |

Have you ever?

1. 다른 사람에게 격식적인 방법으로 도움을 요청해 본 적이 있어요?
2. 길을 묻는 사람에게 위치를 설명해 본 적이 있어요?

10과 | 도움 요청　83

01 핵심 패턴 KEY EXPRESSIONS

아래 핵심 패턴 문장을 확인하고 질문에 답해 보세요.

❶ N(으)로 올라오시면 됩니다.
- 3층으로 올라오시면 됩니다.
- 회의실로 올라오시면 됩니다.

❷ 얼마 전에 N(으)로 이전했습니다.
- 얼마 전에 2층으로 이전했습니다.
- 얼마 전에 옆 건물로 이전했습니다.

질문에 답해 보세요!

Q 몇 층으로 가면 될까요?
A _____

Q 고객 상담 건으로 방문하고자 하는데, 혹시 사무실 위치가 바뀌었나요?
A 네, _____

02 비즈니스 표현 BUSINESS EXPRESSIONS

아래 비즈니스 표현을 확인하고 예시 문장을 만들어 보세요.

❶ N을/를 자세히 V-아/어 주시겠어요?
- 문제점을 자세히 알려 주시겠어요?
- 해약 이유를 자세히 말씀해 주시겠어요?

❷ N이/가 보이실 겁니다.
- 사거리 옆에 우리 회사가 보이실 겁니다.
- 강남대로 옆에 버스 정류장이 보이실 겁니다.

❸ V-아/어 주셔서 감사합니다.
- 구체적으로 알려 주셔서 감사합니다.
- 친절하게 답해 주셔서 감사합니다.

03 대화 연습 CONVERSATION PRACTICE

대화문을 듣고 비즈니스 표현을 확인한 후 아래 질문에 답해 보세요.

Check List!
알고 있는 어휘를 체크해 주세요!
- ○ 경영기획팀
- ○ 방송국
- ○ 방문 수리
- ○ 복사기
- ○ 홍보팀
- ○ 수리 기사

김민수 사원: 네, 안녕하세요? 경영기획팀 김민수입니다.

왕단: 안녕하세요? 홍보팀 왕단입니다.
다름이 아니라 저희 사무실 복사기에서 복사가 되지 않습니다. 아마 고장이 난 것 같아요.

김민수 사원: 아, 그러십니까? 혹시 서비스 센터 기사님과 전화해 보셨습니까?
전화하시면 방문 수리가 가능할 겁니다.

왕단: 죄송하지만 제가 신입 사원이라 서비스 센터를 잘 모릅니다.
연락처와 연락 방법을 자세히 알려 주시겠어요?

김민수 사원: 전자 서비스 센터, 02-123-4563번으로 연락하시면 됩니다.

왕단: 02-123-4563 맞지요? 감사합니다. 제가 연락해 보겠습니다.

<서비스 센터로 전화 걸기>

이수지 상담원: 안녕하세요? 코리아 전자 서비스 센터입니다. 무엇을 도와드릴까요?

왕단: 안녕하세요? 방송국 홍보팀 사원 왕단입니다. 저희 사무실 복사기가 고장이 난 것 같습니다.

이수지 상담원: 아, 그렇습니까? 저희 수리 기사님을 바로 보내 드리겠습니다.
사무실 위치를 자세히 알려 주시겠습니까?

왕단: 강남구 강남대로 130입니다. 신논현역에서 30 미터 정도만 걸어오시면 오른쪽에 **저희 회사가 보이실 겁니다.** 건물 2층으로 올라 오시면 됩니다.

What do you think?

01 왕단 씨는 왜 구매부에 전화를 했습니까?

02 김민수 사원은 왕단 씨에게 복사기 고장을 어떻게 해결하라고 말했습니까?

03 이수지 상담원은 왕단 씨에게 무엇을 질문했습니까?

04 문법 연습 GRAMMAR PRACTICE

'V-았/었더니'를 사용하여 대화를 완성해 보세요.

예시 | 편의점 1+1 행사를 하다 → Ⓐ 지난 주에 건강 음료 판매율이 갑자기 좋아졌어요.
　　　　　　　　　　　　　Ⓑ **편의점 1+1 행사를 했더니** 효과가 있었던 것 같습니다.

01
먹다
Ⓐ 왜 병원에 다녀오셨어요?
Ⓑ 매번 회사 편의점에서 점심을 대충 _____ 위염이 생겼어요.

02
하다
Ⓐ 이번 달 수당이 많이 들어 왔네요.
Ⓑ 지난 달에 바빠서 야근을 많이 _____ 야근 수당이 꽤 들어 왔어요.

03
확인하다
Ⓐ 김 부장님은 아침에 왜 화를 내신 거예요?
Ⓑ 지난 주 판매율을 _____ 우리 팀 실적만 너무 안 좋았어요.

04
마시다
Ⓐ 대리님, 어디 아프세요?
Ⓑ 아니에요. 어제 커피를 많이 _____ 밤에 잠을 못 자서 그래요.

05
물어보다
Ⓐ 제니퍼 씨, 우리 총무팀 연락처가 변경되었나요?
Ⓑ 네, 총무팀 번호를 _____ 이전과 다른 번호를 알려 주었습니다.

Grammar Point!

'V-았/었더니'는 동사에 붙어 과거에 경험하거나 관찰한 일에 대한 발견(문제3), 반응(문제5), 결과(문제1,2,4)를 나타낼 때 사용할 수 있는 표현이다.

05 말하기 연습 SPEAKING ALOUD

활동 1 아래 일상 생활에서 사용하는 표현들을 비즈니스 상황에서 더 적절하게 사용할 수 있는 표현으로 바꿔 말해 보세요.

일상 생활에서 …
1. 연락처와 연락 방법은 어떻게 알 수 있어요?
2. 오른쪽에 저희 회사가 있어요.
3. 건물 2층으로 올라 오세요.

비즈니스 상황에서 …

활동 2 친구와 같이 아래 상황에 따라 대화를 만들어 연습해 보세요.

Role A — 회사원
퇴근 후 집에 혼자 있는 시간이 많아서 여가 활동을 고민 중이다. 회사 선배에게 조언을 구하고 싶다.

Role B — 회사 선배
회사에서 지원해 주는 취미 교육 프로그램을 소개해 준다. 프로그램 신청을 위해서는 인사팀 팀원에게 신청서를 내야 하는데, 정확한 방법이 기억나지 않는다. 전화해서 문의할 것을 조언한다.

이렇게 말해 보면 어떨까요?

| 대화 예시 |

Ⓐ 선배님, 선배님은 퇴근 후에 주로 뭘 하십니까?
Ⓑ 요즘은 피곤해서 헬스장만 갔다가 집에서 쉬는 편이에요. 왜요?

06 비즈니스 팁 WORK SMART WITH KOREANS

다음 글을 읽고 질문에 답해 보세요.

Tip! 서비스 센터를 이용할 때

휴대폰, 노트북 등 전자 제품을 사용하다가 문제가 있어 서비스 센터를 방문할 때가 있습니다.

이때 전화나 인터넷으로 먼저 예약을 하고 가는 곳도 있고, 방문해서 순서를 기다려야 하는 곳도 있습니다. 서비스 센터에서는 보통 물과 커피 등을 무료로 제공하고, 기다리는 동안 컴퓨터를 사용할 수 있으며, 잡지책도 볼 수 있습니다.

갑자기 휴대폰이 고장이 났는데 빠른 시간 안에 고칠 수 없다면, '임대폰'을 빌려서 사용해서 업무를 보고 나중에 반납할 수 있습니다. 휴대폰을 고치는 것은 물론 유심칩을 구매하거나, 노트북이나 카메라를 고치는 일도 빠른 시간 안에 해결이 가능합니다. 또한 요즘은 영어나 중국어를 구사하는 직원이 배치되어 있는 경우도 있기 때문에 외국인이 이용하기에도 불편함이 없습니다.

내용을 확인해 보세요!

01 서비스 센터에서는 수리를 기다리는 동안 어떤 서비스를 제공받을 수 있습니까?

02 언제 임대폰을 사용하는 것이 편리합니까?

07 이메일 쓰기 EMAIL WRITING

아래 정보에 따라 이메일을 써 보세요.

나
→ 홍보팀 사원

수신인
→ 경영기획팀 김민수 사원

상황
어제 김민수 사원의 도움으로 구매처에 연락하여 사무실 복사기를 고칠 수 있었습니다. 감사 인사와 함께, 요청을 받았던 물품 수리 영수증과 수리 기사 명함을 첨부하여 이메일을 써 보세요.

위와 같은 정보를 활용해서 이메일을 써 보세요.

제목: [홍보팀] 복사기 수리 건

구매부 김민수 사원님께,

안녕하세요? 홍보팀 ○○○ 사원입니다.

다름이 아니라, _____

_____

_____

_____

_____

감사합니다.
○○○ 드림

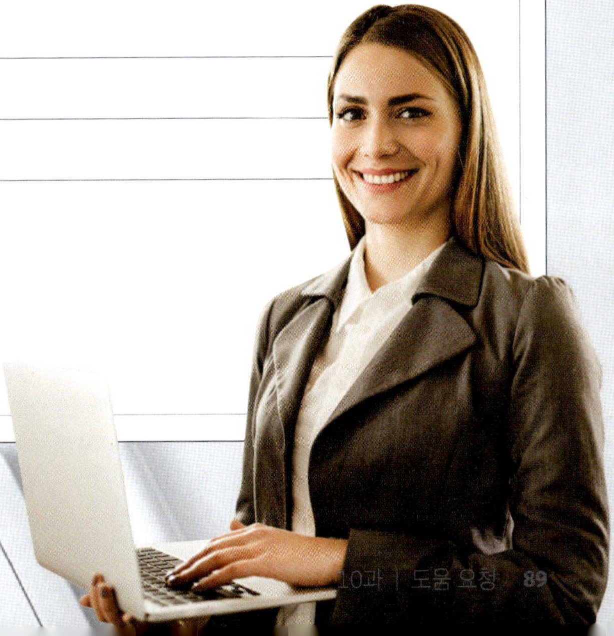

08 메모장 STUDY NOTE

이번 과에서 나온 새로운 어휘를 확인해 보세요.

- ✓ 경영기획
- ✓ 문제점
- ✓ 이전하다
- ✓ 변경되다
- ✓ 상담원
- ✓ 야근 수당
- ✓ 실적
- ✓ 정류소
- ✓ 판매율
- ✓ 위치

- ✓ 구체적
- ✓ 복사기
- ✓ 서비스 센터
- ✓ 수리 기사
- ✓ 신청서
- ✓ 여가 활동
- ✓ 위염
- ✓ 총무팀
- ✓ 편의점
- ✓ 해약

Calling!

이번 과에서 공부한 내용 중에 가장 중요한 3 가지 내용을 써 주세요.

BUSINESS KOREAN | 성공하는 비즈니스 한국어 1

Lesson 11
회사 생활

학습 목표

01
적절한 방법으로 동료에게 도움을 요청하거나 도움을 제공하는 대화를 할 수 있다.

02
다른 사람의 칭찬에 겸손하게 대답하는 표현을 사용할 수 있다.

03
동료들에게 업무와 관련된 일에 대해 어떤 의견이 있는지 문의하는 이메일을 작성할 수 있다.

이미지 토크
IMAGE TALK!

사진을 보고 키워드를 사용해서 상황을 설명하고 질문에 답해 보세요.

키워드

| 취향 | 준비성 | 훌륭하다 | 부지런하다 | 분위기 |

Have you ever?

1. 여러분이 스스로 파티나 행사를 준비해 본 적이 있어요?
2. 격식적인 상황에서 다른 사람에게 칭찬을 한 적이 있어요?

01 핵심 패턴 KEY EXPRESSIONS

아래 핵심 패턴 문장을 확인하고 질문에 답해 보세요.

❶ N을/를 언제 다 준비하셨어요?

- 이 **음식들을** 언제 다 준비하셨어요?
- **답례품을** 언제 다 준비하셨어요?

❷ N을/를 정리할까요?

- **회의실을** 정리할까요?
- **이면지를** 정리할까요?

질문에 답해 보세요!

Q 김 대리님, 회의 자료를 _____
A 아, 방금 전에 마무리했어요.

Q 이제 곧 회의 시작인데, 테이블이 엉망이네.
A 지금 _____

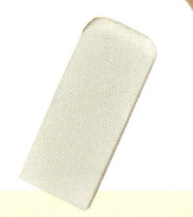

02 비즈니스 표현 BUSINESS EXPRESSIONS

아래 비즈니스 표현을 확인하고 예시 문장을 만들어 보세요.

❶ N께서 V-(으)시겠는데요?

- 사장님께서 **칭찬하시겠는데요?**
- 과장님께서 **곧 보시겠는데요?**

❷ N(으)로 준비해 봤습니다.

- 주스와 쿠키를 **디저트로** 준비해 봤습니다.
- 신선한 **음식으로** 준비해 봤습니다.

❸ V-(으)면 저야 감사하지요.

- **도와 주시면** 저야 감사하지요.
- **함께 가면** 저야 감사하지요.

03 대화 연습 CONVERSATION PRACTICE

대화문을 듣고 비즈니스 표현을 확인한 후 아래 질문에 답해 보세요.

Check List!
알고 있는 어휘를 체크해 주세요!
- 디저트
- 나르다
- 대단하다
- 부지런하다
- 준비성
- 정신이 없다

가일: 와! 마이클 씨, 이걸 언제 다 준비하셨어요? 정말 대단하세요.

마이클: 대단하기는요. 부장님께 이것 저것 여쭤 보고 준비했어요.

가일: **부장님께서 부지런하다고 칭찬하시겠어요.** 오늘 식사 메뉴도 마이클 씨가 결정했어요?

마이클: 부장님께서 주신 의견에 따라 오늘 **워크숍 분위기에 맞는 식사로 준비해 봤습니다.**

가일: 저쪽에 음료수랑 디저트도 있던데, 제가 그것들을 정리할까요?

마이클: 그래 줄 수 있어요? **도와 주시면 저야 감사하지요.**
안 그래도 너무 정신이 없었거든요. 지금 바쁘지 않으세요?

가일: 바쁜 일들은 다 끝났어요. 마이클 씨 준비성이 좋다고 회사에 소문이 나겠어요.

마이클: 준비성이 좋기는요. 칭찬해 주셔서 감사합니다.

가일: 하하. 그럼 이것부터 테이블로 나를게요. 힘드실 텐데 조금 쉬면서 하세요.

마이클: 네, 감사합니다. 조금 이따 뵐게요.

What do you think?

01 마이클 씨는 워크숍을 위해 무엇을 준비했습니까?
02 가일 씨는 마이클 씨의 성격이 어떻다고 생각합니까?
03 가일 씨는 마이클 씨의 워크숍 준비를 위해 무엇을 도와 주려고 합니까?

04 문법 연습 GRAMMAR PRACTICE

'V/A-기는요.'를 사용하여 대화를 완성해 보세요.

예시 | 잘하다 → ⓐ 영어를 정말 잘하시네요. ⓑ 잘하기는요. 그냥 일상적인 대화만 하는 수준이에요.

01
하다
ⓐ 김 대리님은 능력이 너무 좋으셔서 곧 승진하실 것 같아요.
ⓑ 대리가 된 지 이제 6개월 됐는데, 승진을 _____. 아직 멀었어요.

02
자연스럽다
ⓐ 가일 씨는 한국말 발음이 정말 자연스럽네요.
ⓑ _____. 아직도 연습이 많이 필요해요.

03
끝내다
ⓐ 시장 조사는 다 끝냈어요?
ⓑ 다 _____. 이틀은 더 야근을 해야 할 것 같아요.

04
없다
ⓐ 마이클 씨는 준비성도 좋고, 신입 사원인데도 부족한 점이 없어요.
ⓑ 부족한 점이 _____. 아직 배울 것이 많습니다.

05
익숙해지다
ⓐ 이제 방송국 생활에 좀 익숙해지셨어요?
ⓑ _____. 아직도 모르는 게 너무 많아서 매일 고군분투하는 중입니다.

Grammar Point!

'V/A-기는요'는 동사와 형용사에 붙어 상대방의 질문이나 의견에 동의하지 않음을 표현할 때 사용하는 표현이다.

또한 다른 사람에게 칭찬을 들었을 때 그 칭찬에 대해 겸손한 태도로 대답할 때도 사용할 수 있다.

05 말하기 연습 SPEAKING ALOUD

활동 1 아래 일상 생활에서 사용하는 표현들을 비즈니스 상황에서 더 적절하게 사용할 수 있는 표현으로 바꿔 말해 보세요.

일상 생활에서 …
1. 이걸 언제 다 준비했어요?
2. 워크숍에 어울리는 식사를 준비했어요.
3. 도와 주면 저야 고맙죠.

비즈니스 상황에서 …

활동 2 친구와 같이 아래 상황에 따라 대화를 만들어 연습해 보세요.

Role A — 상사
내일 오후에 점심 회식 겸 회의가 있을 예정이다. 다른 회사의 높은 분들이 많이 참석하기 때문에 메뉴 준비에 신경 쓰라고 부하직원에게 신신당부하고 싶다. 특히 베지테리안, 비건 메뉴에 신경 쓰고, 알레르기가 있는 분들이 있는지 조사하라고 한다.

Role B — 부하 직원
회의에 참석하실 분들이 어떤 음식이나 음료, 어떤 분위기의 식당을 좋아하는지 물어보고 열심히 준비하겠다고 대답한다.

이렇게 말해 보면 어떨까요?

| 대화 예시 |

Ⓐ 마이클 씨, 내일 오후 회의 기억하고 있죠? 정말 중요하신 분들이 오는 회의라서 잘 준비해야 돼요.

Ⓑ 네, 잘 알고 있습니다. 대리님.

06 비즈니스 팁 WORK SMART WITH KOREANS

다음 글을 읽고 질문에 답해 보세요.

Tip!
직장 동료에게 무슨 일이 있을 때

회사 생활을 하다 보면 회사 동료가 결혼이나 이사를 하는 등 축하해야 할 좋은 일도 있고, 주변 사람이 병원에 입원하는 안 좋은 일도 있기 마련입니다.

동료가 이사를 하거나, 결혼을 해서 그 집에 초대를 받을 때는 꽃이나 와인을 준비하거나 일상 생활에서 많이 사용하는 휴지나 키친 타월 등을 선물합니다. 식사할 때 함께 즐길 수 있는 음식을 사 가는 것도 좋습니다. 결혼이나 집들이, 자녀의 돌잔치로 축하를 받은 사람은 축하해 주신 분들에 대한 보답으로 떡이나 컵 등 작은 답례품을 선물하기도 합니다.

주변 사람이 병원에 입원했을 때에는 병원에 방문하면서 음료수 세트나 케이크 등을 선물하기도 합니다. 환자가 먹기에도 무리가 없고, 환자에게 찾아오는 손님들에게도 나누어 줄 수 있는 것들을 가지고 가는 편입니다.

내용을 확인해 보세요!

01 직장 동료가 이사를 해서 집들이에 초대받았습니다. 어떤 선물을 가지고 가는 것이 적당합니까?

02 직장 상사가 병원에 입원했습니다. 어떤 선물이 적절합니까?

07 이메일 쓰기 EMAIL WRITING

아래 정보에 따라 이메일을 써 보세요.

나
→ 해외 영업부 신입 사원

수신인
→ 해외 영업부 전 팀원

상황
부서에서 프로젝트의 성공적인 마무리를 기념하려고 퇴근 후 파티를 하고자 합니다. 20명 정도의 인원이 참여하고 본부장님도 방문하실 예정이라 잘 준비하고 싶습니다. '나'는 음식과 와인을 담당하고 있습니다. 팀원들이 알레르기가 있거나 못 먹는 음식, 추천하고 싶은 와인의 종류를 질문하는 이메일을 써 보세요.

위와 같은 정보를 활용해서 이메일을 써 보세요.

제목: [해외 영업부] 파티 관련 설문조사

해외 영업부 팀원분들께,

안녕하세요? 해외 영업부 ○○○입니다.

다름이 아니라, 다음 주 월요일 퇴근 후에 파티가 예정되어 있습니다.

감사합니다.
○○○ 드림

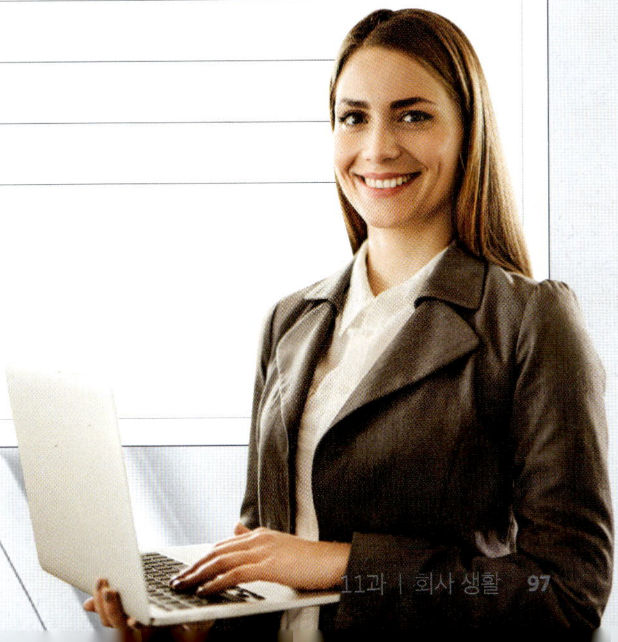

08 메모장 STUDY NOTE

이번 과에서 나온 새로운 어휘를 확인해 보세요.

- 나르다
- 부지런하다
- 방문하다
- 고군분투하다
- 알레르기
- 분위기
- 여쭤 보다
- 이면지
- 비건

- 답례품
- 베지테리안
- 소문이 나다
- 승진하다
- 신신당부하다
- 엉망이다
- 음료수
- 익숙하다
- 준비성
- 취향

Calling!

이번 과에서 공부한 내용 중에 가장 중요한 3가지 내용을 써 주세요.

BUSINESS KOREAN | 성공하는 비즈니스 한국어 1

Lesson 12
복지 제도

학습 목표

01
직장 동료와 사내 동호회, 야근 수당 등의 사내 복지에 대한 의견을 나눌 수 있다.

02
적절한 방법으로 회사 시설을 이용하는 방법을 질문하거나, 상대방의 질문에 대답할 수 있다.

03
직장 동호회 및 모임을 소개하고 회원을 모집하는 이메일을 작성할 수 있다.

이미지 토크
IMAGE TALK!

사진을 보고 키워드를 사용해서 상황을 설명하고 질문에 답해 보세요.

키워드

| 야근 | 식대 | 헬스장 | 지원되다 | 직원 복지 |

Have you ever?

① 밤 늦게까지 학교나 회사에 남아 공부나 일을 해 본 적이 있어요?

② 복지 제도에 대한 여러분의 의견을 다른 사람과 나누어 본 적이 있어요?

12과 | 복지 제도 99

01 핵심 패턴 KEY EXPRESSIONS

아래 핵심 패턴 문장을 확인하고 질문에 답해 보세요.

❶ 오늘도 N에서 N을/를 해요?
- 오늘도 **회사에서 야근을** 해요?
- 오늘도 **헬스장에서 필라테스를** 해요?

❷ N에 한두 번 정도 N이/가 있어요.
- **일주일에** 한두 번 정도 **중국어 레슨이** 있어요.
- **한 달에** 한두 번 정도 **부서 회의가** 있어요.

질문에 답해 보세요!

Q 오늘은 퇴근 후에 요리 학원에 가야 해요.
A 오늘도 _____

Q 사내 독서 모임은 얼마나 자주 참가하세요?
A _____ 사내 카페에서 모임이 있어요.

02 비즈니스 표현 BUSINESS EXPRESSIONS

아래 비즈니스 표현을 확인하고 예시 문장을 만들어 보세요.

❶ N에도 양면성이 있죠.
- **사업 확장에도** 언제나 양면성이 있죠.
- **민주주의에도** 양면성이 있죠.

❷ N을/를 하는 대신에…
- **야근을** 하는 대신에…
- **참가를** 하는 대신에…

❸ N 면에서는 오히려 도움이 돼요.
- **수업 면에서는** 오히려 도움이 돼요.
- **업무 면에서는** 오히려 도움이 돼요.

03 대화 연습 CONVERSATION PRACTICE

대화문을 듣고 비즈니스 표현을 확인한 후 아래 질문에 답해 보세요.

Check List!
알고 있는 어휘를 체크해 주세요!
- 식대
- 수당
- 적응이 되다
- 휴게실
- 직원 복지
- 추가 근무하다

마르코 리사 씨, 오늘도 회사에서 밤 늦게까지 일을 해요?

리사 네. 일주일에 한두 번 정도는 야근을 해요. 벌써 6개월 정도 돼서 야근에 적응이 된 것 같아요.

마르코 저는 시간 강사이기 때문에 그럴 일이 많지는 않아요. 매일 추가 근무하는 것은 생각만 해도 피곤하더라고요. 리사 씨도 그렇지 않아요?

리사 **모든 일에는 양면성이 있죠.** 물론 피곤한 건 있지만 **일을 더 하는 대신에 추가 수당을 꽤 받을 수 있어요.**

마르코 일찍 퇴근하고 쉬는 것이 더 낫지 않아요? 어떤 회사들은 야근을 없애기도 하던데.

리사 생활에 큰 방해가 되지는 않아요. **수입 면에서는 오히려 도움이 돼요.**

마르코 그래요? 그럼 밤에 일이 끝나면 집에는 어떻게 가세요?

리사 10시 이후에 퇴근하면 택시비가 지원돼요. 그리고 저녁 식대도 지원되니까 겸사 겸사 일하고 갈 때도 있어요.

마르코 그래도 우리 회사가 직원 복지에 신경을 많이 쓰는 것 같아요.

리사 맞아요. 휴게실도 잘 되어 있으니까 그렇게 피곤하지는 않더라고요.

What do you think?

01 리사 씨는 얼마나 자주 야근을 합니까?

02 리사 씨가 생각하는 야근의 좋은 점은 무엇입니까?

03 마르코 씨는 회사 직원 복지에 대해 어떻게 생각합니까?

04 문법 연습 GRAMMAR PRACTICE

'V/A-(으)ㄹ 뿐이다'를 사용하여 문장을 완성해 보세요.

예시 | 기다리다 → 사장님의 결재를 기다릴 뿐입니다.

01 논리적이다
→ 김 과장님은 다른 사람보다 _____.

02 말씀드리다
→ 저는 들은 대로 _____.

03 궁금하다
→ 이 회사에서 내 비전을 발견할 수 있을지 _____.

04 고프다
→ 점심을 못 먹어서 배가 조금 _____.

05 거듭하다
→ 경쟁사와의 대결을 위해 신제품 개발 연구를 _____.

> **Grammar Point!**
>
> 'V/A-(으)ㄹ 뿐이다'는 동사나 형용사에 붙어 다른 선택의 가능성이 없고 오직 어찌하거나 어떠하다는 의미로 사용되는 표현이다.
>
> 'V/A-(으)ㄹ 뿐 아니라'의 형태로도 사용될 수 있다. 'V/A-(으)ㄹ 따름이다'와 유사한 의미를 가지지만 'V/A-(으)ㄹ 따름이다'의 형태는 사용할 수 없다.

05 말하기 연습 SPEAKING ALOUD

활동 1 아래 일상 생활에서 사용하는 표현들을 비즈니스 상황에서 더 적절하게 사용할 수 있는 표현으로 바꿔 말해 보세요.

일상 생활에서 …
1. 모든 일에는 장단점이 있어요.
2. 일을 더 하는 대신 돈을 꽤 많이 벌 수 있어요.
3. 돈을 생각하면 오히려 도움이 돼요.

비즈니스 상황에서 …
- _____
- _____
- _____

활동 2 친구와 같이 아래 상황에 따라 대화를 만들어 연습해 보세요.

Role A — 회사원
분당 지사에서 근무하다가 서울 본사로 근무지가 바뀌었다. 오늘 처음으로 본사에 출근했더니 회사 시설에 대해 아는 것이 없다. 여직원 휴게실과 카페테리아의 위치가 어디인지 궁금하다. 또 회사 내에 헬스장이 있는지 궁금하다.

Role B — 회사 동료
본사에서 일한 지 2년 되었다. 휴게실과 카페테리아 위치를 설명할 수 있다. 회사 내에는 헬스장이 없지만 옆 건물 지하 헬스장에서 직원 할인을 해 준다는 사실을 알고 있다.

이렇게 말해 보면 어떨까요?

| 대화 예시 |

🅐 안녕하세요? 저는 오늘부터 서울 본사에서 일하게 된 제니퍼라고 합니다.
🅑 안녕하세요? 이전에는 분당에서 일하셨다고 하셨죠? 저는 본사 근무한 지 2년 됐습니다.

12과 | 복지 제도

06 비즈니스 팁 WORK SMART WITH KOREANS

다음 글을 읽고 질문에 답해 보세요.

한국의 야근 문화

한국의 야경이 아름다운 이유 중 하나는 수많은 직장인들이 야근을 하며 켜 놓는 사무실의 조명 때문이라는 말이 있을 정도로 야근은 한국의 일상적인 근무 문화 중 하나입니다. 야근이 많은 것에도 다양한 이유가 존재합니다. 우선 특정 계열(IT, 디자인 등)은 업무의 특성상 야근을 하여 기간 내에 목표를 달성하거나 유행을 반영하여 제품을 출시하는 일을 수행하므로 야근이 많은 편입니다. 한편으로는 비효율적으로 업무 운영이 되면서 정해진 시간 안에 밀도 높게 일을 하기보다 일이 끝나도 자리를 지키거나, 상사의 결재를 기다리고 대기하는 일이 많은 것도 또 하나의 이유로 작용하곤 합니다.

열심히 일해 많은 성과를 내며 한국이 성장하는 원동력이 되기도 했던 야근은, 이제 개인의 워라밸(Work and Life Balance) 향상을 위해 점차 줄어들고 있는 추세입니다. 주 52시간 근무제가 도입되었고, 특정 기업에서는 퇴근 시간이 되면 컴퓨터 전원을 강제로 차단하는 시스템을 만들었습니다. 업무 시간 이후 메신저 접속을 통한 소통을 금지하기도 했습니다. 이를 통해 평일 저녁과 주말에 여가를 즐기는 직장인이 늘고 있습니다.

내용을 확인해 보세요!

01 IT나 디자인 업계에서는 왜 야근을 하는 일이 잦았습니까?

02 야근을 없애고 개인의 여가 생활을 즐기도록 하기 위해 기업에서 도입한 시스템에는 무엇 무엇이 있습니까?

07 이메일 쓰기 EMAIL WRITING

아래 정보에 따라 이메일을 써 보세요.

나
→ 독서 모임 회장

수신인
→ 회사 구성원 전체

상황
'나'는 한 달에 한두 번 만나는 사내 독서 모임의 회장을 맡고 있습니다. 도서 구입비를 지원받을 수 있고, 특별한 과제 없이 감상문 1쪽만 쓸 뿐입니다. 아직 홍보가 덜 되어 회원을 추가 모집하고 있습니다. 동호회의 장점을 소개하고 회원을 모집하는 공고 이메일을 써 보세요.

위와 같은 정보를 활용해서 이메일을 써 보세요.

받는 사람:
참조:
제목: [독서 모임] 신입 회원 모집
파일첨부: 내 PC | 네이버 클라우드

전자 서비스 가족들께,

안녕하세요? 코리아 독서 모임의 회장 ○○○입니다.

다름이 아니라, 저희 동호회에서는 _____

_____

_____

_____

감사합니다.
○○○ 드림

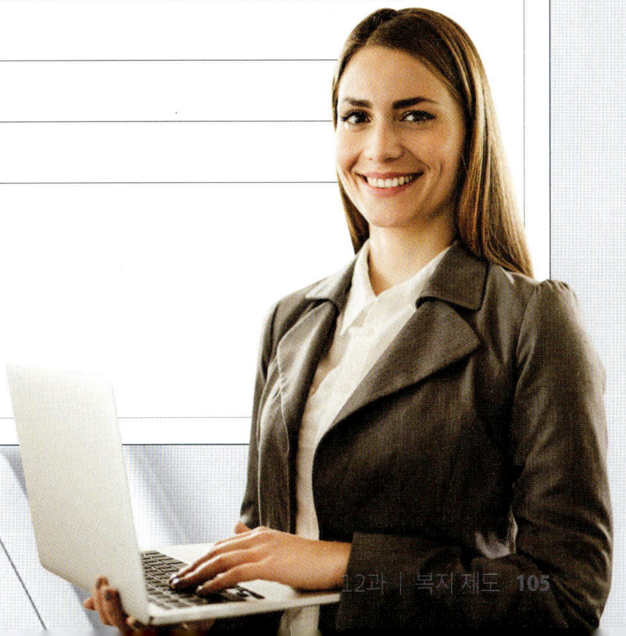

08 메모장 STUDY NOTE

이번 과에서 나온 새로운 어휘를 확인해 보세요.

- ✓ 거듭하다
- ✓ 감상문
- ✓ 피곤하다
- ✓ 수당
- ✓ 민주주의
- ✓ 식대
- ✓ 동호회
- ✓ 방해가 되다
- ✓ 지원되다
- ✓ 장단점

- ✓ 겸사 겸사
- ✓ 구입비
- ✓ 논리적이다
- ✓ 수입
- ✓ 시간 강사
- ✓ 야근
- ✓ 양면성
- ✓ 적응이 되다
- ✓ 직원 복지
- ✓ 택시비

Calling!

이번 과에서 공부한 내용 중에 가장 중요한 3가지 내용을 써 주세요.

BUSINESS KOREAN | 성공하는 비즈니스 한국어 1

Lesson 13
사내 행사

학습 목표

01 행사에 대한 아이디어를 제안하고 그 아이디어에 대한 의견을 이야기할 수 있다.

02 두 가지 어휘를 나열하여 의미를 더 강조하는 표현을 사용해서 대화할 수 있다.

03 사내 행사를 공지하고 참석 여부를 조사하는 이메일을 작성할 수 있다.

Warm Up! 이미지 토크 IMAGE TALK!

사진을 보고 키워드를 사용해서 상황을 설명하고 질문에 답해 보세요.

키워드

| 자원 | 봉사 활동 | 대접하다 | 뿌듯하다 | 의미 있다 |

Have you ever?

1. 사내 행사를 기획해 본 적이 있어요?
2. 다른 사람에게 행사를 안내하고 공지해 본 적이 있어요?

13과 | 사내 행사 **107**

01 핵심 패턴 KEY EXPRESSIONS

아래 핵심 패턴 문장을 확인하고 질문에 답해 보세요.

1 N이/가 됐네요.
- 벌써 **퇴근 시간이** 됐네요.
- 입사한 지 **2년이** 됐네요.

2 N을/를 했으면 합니다.
- **상담을** 했으면 합니다.
- **새로운 시도를** 했으면 합니다.

질문에 답해 보세요!

Q 날씨가 많이 더워졌네요.
A 지난 주 까지는 봄 날씨 같았는데 벌써 _____

Q 대리님, 이 부분에 대해서 어떻게 생각하십니까?
A 음… 팀장님과 먼저 _____

02 비즈니스 표현 BUSINESS EXPRESSIONS

아래 비즈니스 표현을 확인하고 예시 문장을 만들어 보세요.

1
N이/가 아니었으면 좋겠습니다.
- **사실이** 아니었으면 좋겠습니다.
- **큰 문제가** 아니었으면 좋겠습니다.

2
N을/를 하는 것은 어떨까요?
- **이전을** 하는 것은 어떨까요?
- **취소를** 하는 것은 어떨까요?

3
V-(으)ㄹ 수 있는 기회로 삼을 수 있겠습니다.
- **도약할** 수 있는 기회로 삼을 수 있겠습니다.
- 제대로 **보여줄** 수 있는 기회로 있겠습니다.

03 대화 연습 CONVERSATION PRACTICE

대화문을 듣고 비즈니스 표현을 확인한 후 아래 질문에 답해 보세요.

Check List!
알고 있는 어휘를 체크해 주세요!

- ○ 대접하다
- ○ 세부 사항
- ○ 엄숙하다
- ○ 기회로 삼다
- ○ 종무식
- ○ 참신하다

김 부장: 벌써 연말이 됐네요. 올해 **종무식은 엄숙한 분위기가 아니었으면 좋겠습니다.** 좋은 아이디어 없습니까?

에바: 다 함께 봉사 활동을 했으면 합니다. **혼자 살고 계신 어르신들께 식사를 만들어 대접하는 것은 어떨까요?**

김 부장: 음, 다른 사람들에게 도움이 되는 데다가 우리에게도 의미 있는 종무식이 될 수 있겠네요.

에바: 개인적으로 참여해 본 적이 있었는데, 어르신들이 매우 좋아하셨고 저도 도움이 될 수 있어 뿌듯했습니다.

김 부장: **우리 회사가 얻은 이익을 사회에 조금이라도 나눌 수 있는 기회로 삼을 수 있겠다는 생각이 듭니다.** 다른 분들 의견은 어떻습니까?

올가: 저도 봉사 활동에 참여해 보고 싶었습니다.

영준: 식사만 하고 헤어지는 종무식보다 훨씬 참신하다고 생각합니다!

김 부장: 좋습니다. 이번 종무식은 봉사 활동을 하도록 하고 세부 사항에 대해서는 팀원들 모두 같이 논의해서 보고해 주세요.

What do you think?

01 에바 씨는 이번 종무식에 무엇을 했으면 했습니까?
02 김 부장은 에바 씨의 아이디어에 대해 어떻게 생각했습니까?
03 영준 씨는 에바 씨의 아이디어에 대해 어떻게 생각했습니까?

04 문법 연습 GRAMMAR PRACTICE

'A/V-(으)ㄴ/는 데다가'를 사용하여 두 개의 문장을 하나의 문장으로 만들어 보세요.

예시 | 음식 가격이 싸다 + 서비스가 친절하다 → 음식 가격이 싼 데다가 서비스도 친절합니다.

01 몸이 피곤하다 + 머리가 아프다
→ _____

02 이유가 타당하다 + 주장하는 내용이 뚜렷하다
→ _____

03 과식을 하다 + 커피를 2잔이나 마시다
→ _____

04 버릇이 없다 + 팀의 일에도 무관심하다
→ _____

05 여전히 덥다 + 습도도 높다
→ _____

Grammar Point!

'A/V-(으)ㄴ/는 데다가'는 동사나 형용사에 붙어 2개 이상의 장점이나 2개 이상의 단점이 나열되는 등 앞 절의 내용에 뒷 절의 내용이 더해질 때 사용되는 표현이다.

반복을 나타내는 조사 '도'를 사용하면 의미를 좀 더 강조할 수 있다.

05 말하기 연습 SPEAKING ALOUD

활동 1 아래 일상 생활에서 사용하는 표현들을 비즈니스 상황에서 더 적절하게 사용할 수 있는 표현으로 바꿔 말해 보세요.

일상 생활에서 …	비즈니스 상황에서 …
① 무거운 분위기 말고요.	
② 봉사활동은 어때요?	
③ 어르신들께 식사를 만들어 드리는 건 어때요?	

활동 2 친구와 같이 아래 상황에 따라 대화를 만들어 연습해 보세요.

Role A - 회사원
사내 행사 중 봉사 활동을 맡아서 기획하게 되었다. 프로그램 구성에 대해 선배에게 조언을 구하고 싶다.

Role B - 회사 선배
작년에 봉사 활동 프로그램을 계획했다. 올해는 아이들을 위한 체험 학습 프로그램을 구상해 볼 것을 조언한다.

이렇게 말해 보면 어떨까요?

| 대화 예시 |

Ⓐ 선배님, 제가 이번에 봉사 활동을 맡아서 진행하게 되었는데 이런 기획은 처음이라 조금 어렵네요.

Ⓑ 작년에 어르신을 대상으로 봉사 활동을 했는데…

13과 | 사내 행사 111

06 비즈니스 팁 WORK SMART WITH KOREANS

다음 글을 읽고 질문에 답해 보세요.

한국의 대규모 공채 문화

한국에서는 보통 일 년에 두 번 대규모의 공채 제도가 시행되는 편입니다. 취업 준비생들에게 균등한 기회를 제공하며, 동일한 조건 하에서 공정한 경쟁 과정을 거쳐 채용이 되도록 하는 것입니다. 대부분의 취업 준비생들이 동시에 공채에 응시하므로 경쟁률이 매우 높다는 것과, 공채 시기를 놓치면 수시 채용의 기회가 적다는 것은 단점으로 꼽을 수 있습니다. 하지만 공개 채용은 정해진 시기에만 진행되므로, 미리 그 시기를 알고 대비하며 공정한 입사 시험 등에 응시할 수 있다는 장점도 지니고 있습니다.

한국은 최근 공무원, 공공기관의 채용이 대폭 늘어나고 있는데, 블라인드 채용을 진행하게 되어 전공과 관련한 필기시험의 난이도가 높아지거나, 면접 전형이 까다로워질 것으로 전망되고 있습니다. 또한 기존에 비해 지방 대학(서울이 아닌 지역의 대학)의 인재를 채용하는 비중도 높아지고 있습니다.

한국의 취업 준비생들은 취업을 준비할 때 자신이 무엇을 잘하고 싶은지, 잘할 수 있는 것이 무엇인지 전문가의 조언을 얻으며 스터디 모임 등을 통해 취업을 준비합니다. 한국에서 취업을 준비하고 있다면, 온라인으로 공채 정보 등을 검색해 보면 도움이 될 것입니다.

내용을 확인해 보세요!

01 한국에서는 왜 공채 제도가 큰 규모로 시행됩니까?

02 한국의 취업 준비생들은 어떻게 취업을 준비합니까?

07 이메일 쓰기 EMAIL WRITING

아래 정보에 따라 이메일을 써 보세요.

나
→ 총무팀 사원

수신인
→ 사내 전체 사원들

상황
이번 달 말에 있을 회사 봉사 활동에 대해 공지해야 한다. 프로그램 목적과 일정 및 장소를 안내한다. 참여 여부는 부서 별로 조사해 회신을 부탁한다.

위와 같은 정보를 활용해서 이메일을 써 보세요.

받는 사람:
참조:
제목: [총무팀] 사내 봉사 활동 안내 공지
파일첨부: 내 PC | 네이버 클라우드

친애하는 직원 여러분께,

안녕하세요? 총무팀의 ○○○입니다.

다름이 아니라, 다음 달 말에 사내 마라톤 대회가 예정되어 있습니다.

감사합니다.
○○○ 드림

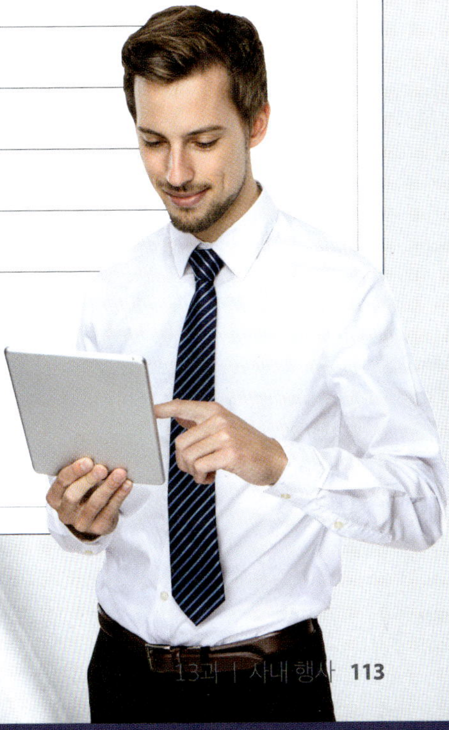

08 메모장 STUDY NOTE

이번 과에서 나온 새로운 어휘를 확인해 보세요.

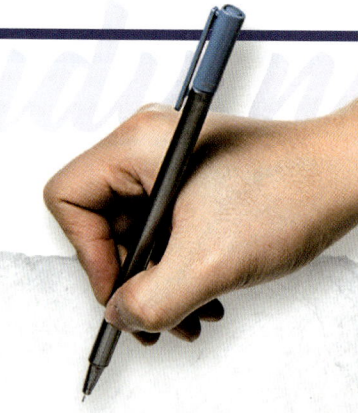

- ✓ 개인적 _____
- ✓ 나열하다 _____
- ✓ 도약하다 _____
- ✓ 타당하다 _____
- ✓ 무관심 _____
- ✓ 시도 _____
- ✓ 뿌듯하다 _____
- ✓ 여부 _____
- ✓ 이전 _____
- ✓ 참신하다 _____

- ✓ 공지 _____
- ✓ 대접하다 _____
- ✓ 뚜렷하다 _____
- ✓ 버릇이 없다 _____
- ✓ 봉사 활동 _____
- ✓ 어르신 _____
- ✓ 엄숙하다 _____
- ✓ 이익 _____
- ✓ 종무식 _____
- ✓ 참여하다 _____

Calling!

이번 과에서 공부한 내용 중에 가장 중요한 3가지 내용을 써 주세요.

BUSINESS KOREAN | 성공하는 비즈니스 한국어 1

Lesson 14
출장

💡 학습 목표

01
적절한 방법으로 출장 일정에 대해 상사에게 보고할 수 있다.

02
다른 사람에게 보고하거나 어떤 행동을 명령하는 표현을 사용하여 대화할 수 있다.

03
여행사 담당자에게 비행 여정을 확인하는 이메일을 작성할 수 있다.

Warm Up! 이미지 토크 IMAGE TALK!

사진을 보고 키워드를 사용해서 상황을 설명하고 질문에 답해 보세요.

키워드

| 공항 | 확인하다 | 예매하다 | 캐리어 | 부치다 |

Have you ever?

① 여러분 스스로 여러 사람의 비행기 표를 대신 예매해 본 적이 있어요?

② 격식적인 상황에서 다른 사람에게 일정을 안내한 적이 있어요?

01 핵심 패턴 KEY EXPRESSIONS

아래 핵심 패턴 문장을 확인하고 질문에 답해 보세요.

① N이/가 있습니까?
- 무거운 **짐이** 있습니까?
- 어떤 **문제가** 있습니까?

② N에 가는 데 얼마나 걸리죠?
- **집에** 가는 데 얼마나 걸리죠?
- **은행에** 가는 데 얼마나 걸리죠?

질문에 답해 보세요!

- Q 티켓 체크인 부탁드립니다.
- A 네, 13시 출발 뉴욕 행 비행기 맞으시죠?

- Q 거래처에 잠깐 다녀오겠습니다.
- A 저도 지금 나가니까 데려다 드릴게요.

02 비즈니스 표현 BUSINESS EXPRESSIONS

아래 비즈니스 표현을 확인하고 예시 문장을 만들어 보세요.

① N(으)로 출발해야 할 시간입니다.
- **행사장으로** 출발해야 할 시간입니다.
- **서울 본사로** 출발해야 할 시간입니다.

② N은/는 확인했습니까?
- **서류는** 확인했습니까?
- **보고서 파일은** 확인했습니까?

③ V-은/는 것으로 합시다.
- 다음에 **이야기 하는** 것으로 합시다.
- **회의를 마치는** 것으로 합시다.

03 대화 연습 CONVERSATION PRACTICE

대화문을 듣고 비즈니스 표현을 확인한 후 아래 질문에 답해 보세요.

Check List!
알고 있는 어휘를 체크해 주세요!
○ 이키켓   ○ 짐
○ 기내용 짐   ○ 부치다
○ 탑승   ○ 이동하다
○ 공항 리무진   ○ 얼른

올가: 과장님, **이제 공항으로 출발해야 할 시간입니다.**

이 과장: 시간이 벌써 그렇게 됐군요. 출발합시다. **비행기 예약은 확인했습니까?**

올가: 네. 한 달 전에 예약해 두었고 오늘 다시 확인했습니다. 지난주에 이티켓을 이메일로 보내드렸습니다.

이 과장: 공항에 도착하면 우선 식사부터 하고 탑승 시간에 맞춰서 **게이트로 이동하는 것으로 합시다.**

올가: 그렇게 하겠습니다. 과장님, 보내실 짐이 있습니까?

이 과장: 기내용 짐 말고는 없습니다. 공항에 가는 데 얼마나 걸리죠?

올가: 지금 출발하면 한 시간 정도 걸립니다. 공항으로 이동하는 동안 출장 일정을 설명해 드리겠습니다.

이 과장: 좋습니다. 공항 리무진 시간에 늦지 않게 얼른 갑시다.

What do you think?

01 올가 씨는 비행기를 언제 예약했습니까? 다시 확인했습니까?
02 공항에서 무엇을 하기로 했습니까? 순서대로 이야기 해 보세요.
03 올가 씨는 공항으로 가는 동안 무엇을 하려고 합니까?

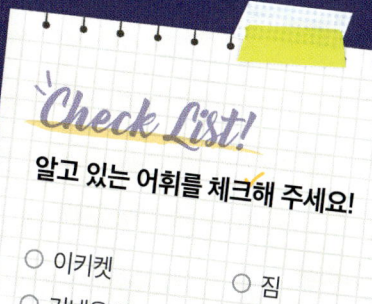

04 문법 연습 GRAMMAR PRACTICE

'V-아/어 두다'를 사용하여 문장을 완성해 보세요.

예시 | 열어 두다 → ⓐ 창문을 닫을까요? ⓑ 아니요, 날씨가 더우니까 열어 두세요.

01
예매하다
ⓐ 다음 주에 부산으로 출장을 가지요? 준비는 다 했나요?
ⓑ 네, 지난 주에 ktx 표를 _____

02
복사하다
ⓐ 아침 회의에 쓸 자료를 복사했어요?
ⓑ 네, 어제 자료를 _____

03
연락하다
ⓐ 이번 달에 워크숍이 있다고 모두에게 전달하세요.
ⓑ 제가 벌써 _____

04
읽다
ⓐ ○○사 서류 전형을 합격했어요.
ⓑ 그 회사 면접이 어려우니까 신문을 많이 _____

05
세우다
ⓐ 곧 도착하는 데 어디에 차를 세우면 되나요?
ⓑ 자동차는 지하 1층 주차장에 _____

Grammar Point!

'V-아/어 두다'는 동사에 붙어 어떤 행동의 결과를 그대로 유지함을 나타내는 표현이다.

'V-아/어 두다'는 '았/었어요', '-(으)세요'와 자주 결합하는데, '았/었어요'는 문장의 주어가 완료한 행동을 표현할 때 사용하고, '-(으)세요'는 듣는 사람에게 명령할 때 사용한다.

05 말하기 연습 SPEAKING ALOUD

활동 1 아래 일상 생활에서 사용하는 표현들을 비즈니스 상황에서 더 적절하게 사용할 수 있는 표현으로 바꿔 말해 보세요.

일상 생활에서 …	비즈니스 상황에서 …
❶ 비행기 예약 확인했어요?	
❷ 부칠 짐이 있어요?	
❸ 공항까지 얼마나 걸려요?	

활동 2 친구와 같이 아래 상황에 따라 대화를 만들어 연습해 보세요.

Role A — 여행사 직원
항공권 예약을 확인한 결과 좌석이 부족해 고객의 비행 일정을 하루 뒤로 조정하게 되었다는 안내 전화를 한다.

Role B — 고객
여행사 직원에게 전화를 받고, 일정이 바뀐 시간과 금액 등을 확인하는 질문을 해야 한다.

이렇게 말해 보면 어떨까요?

| 대화 예시 |

🅐 안녕하십니까, OOO여행사입니다. 김영준 고객님 맞으십니까?
🅑 네, 맞습니다. 무슨 일이십니까?

14과 | 출장 **119**

06 비즈니스 팁 WORK SMART WITH KOREANS

다음 글을 읽고 질문에 답해 보세요.

Tip!
출장, 여행을 다녀올 때

한국은 '우리'라는 것을 매우 중요하게 생각하기로 유명합니다. 이 생각이 더 커지면, '단체 생활, 사회 생활'이 중요하다는 결과가 나옵니다. **출장이나 여행을 갈 일이 있을 때에도 '단체 생활, 사회 생활'이 계속 이어진다는 생각 때문에 자유로운 시간에도 개인이 하고 싶은 것을 하지 못할 때가 있습니다.** 심한 경우 개인 여행을 가도 회사에서 전화와 메시지나 업무 연락이 오는 일이 많기 때문에, 해외 로밍을 하지 않고 휴가를 가는 경우도 있습니다.

출장이나 여행에서 돌아올 때에도 작은 기념품 등을 회사 동료들에게 선물하는 것이 일반적인 한국의 문화입니다. 자신의 자리가 비어 있는 동안 일을 도와준 동료들에게 고마움을 표현하는 방법입니다. 반드시 선물을 해야 하는 것은 아니지만, 부담되지 않는 정도의 선물을 하는 것이 예의입니다.

내용을 확인해 보세요!

01 한국에서는 퇴근 후, 휴가 때 개인의 시간이 잘 보장됩니까?

02 한국에서는 출장이나 여행을 갈 때 어떤 것들이 일반적입니까?

07 이메일 쓰기 EMAIL WRITING

아래 정보에 따라 이메일을 써 보세요.

나
→ 항공원 예매자

수신인
→ ○○ 여행사 담당자

상황

회사의 단체 출장 비행기 표를 예약했다. 여행사 직원에게 짐을 최대 몇 개 부칠 수 있는지, 식사는 제공되는지, 좌석이 중복 예약 되는지 확인해야 한다.

위와 같은 정보를 활용해서 이메일을 써 보세요.

보내기 | 미리보기 | 임시저장 | 내게 쓰기

받는 사람 ☐ 개인별 ☐ ______ 주소록

참조 ______ 주소록

제목 ☐ 중요 ! 비행 여정 문의 약속잡기

파일첨부 내 PC | 네이버 클라우드

굴림 | 10pt | 가 가 가 가 가

한국여행사 담당자분께,

안녕하세요? 얼마 전 서울-도쿄 단체 왕복 항공권을 예매한 ○○○입니다.

몇 가지 문의 드릴 것이 있어 메일을 보냅니다. ______________________

____

____

____

____

감사합니다.
○○○ 드림

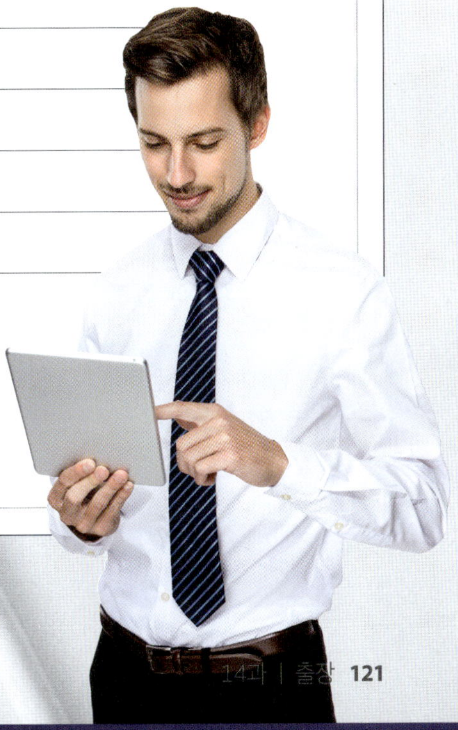

08 메모장 STUDY NOTE

이번 과에서 나온 새로운 어휘를 확인해 보세요.

- ✓ 게이트
- ✓ 기내용 짐
- ✓ 보내는 짐
- ✓ 명령하다
- ✓ 여정
- ✓ 워크숍
- ✓ 일정
- ✓ 좌석
- ✓ 조정하다
- ✓ 탑승

- ✓ 금액
- ✓ 단체
- ✓ 서류 전형
- ✓ 예매하다
- ✓ 왕복
- ✓ 이티켓
- ✓ 자료
- ✓ 중복
- ✓ 합격하다
- ✓ 항공권

Calling!

이번 과에서 공부한 내용 중에 가장 중요한 3 가지 내용을 써 주세요.

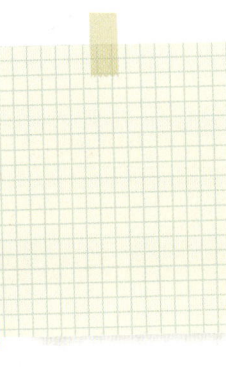

BUSINESS KOREAN | 성공하는 비즈니스 한국어 1

Lesson 15
휴가

학습 목표

01
격식적인 상황에서 앞으로의 계획을 표현할 수 있다.

02
휴가나 출장을 가는 목적과 행선지 등에 대한 정보를 말할 수 있다.

03
직장 동료에게 자신의 일정을 알리고 업무 협조를 요청하는 이메일을 작성할 수 있다.

이미지 토크
IMAGE TALK!

사진을 보고 키워드를 사용해서 상황을 설명하고 질문에 답해 보세요.

키워드

| 휴가 | 제주도 | 업무 | 담당하다 | 다녀오다 |

Have you ever?

1. 직장에서 휴가를 신청해 본 적이 있어요?
2. 전화나 이메일을 통해 자신의 휴가를 알려 본 적이 있어요?

01 핵심 패턴 KEY EXPRESSIONS

아래 핵심 패턴 문장을 확인하고 질문에 답해 보세요.

① Adv 다녀와요.
- 얼른 다녀와요.
- 자유롭게 다녀와요.

② V/A네요, N(이)네요.
- 좋네요.
- 재미있는 말이네요.

질문에 답해 보세요!

Q 이번 휴가에 제주도에 다녀올 예정이에요.
A _____

Q 제주도에 가서 푹 쉴 거예요.
A _____

02 비즈니스 표현 BUSINESS EXPRESSIONS

아래 비즈니스 표현을 확인하고 예시 문장을 만들어 보세요.

❶ N 잘 보내고 오세요.
- 명절 잘 보내고 오세요.
- 휴가 잘 보내고 오세요.

❷ N은/는 미리 작성해 두었습니다.
- 이메일은 미리 작성해 두었습니다.
- 업무 일지는 미리 작성해 두었습니다.

❸ N을/를 나눠 보도록 합시다.
- 의견을 나눠 보도록 합시다.
- 견해를 나눠 보도록 합시다.

03 대화 연습 CONVERSATION PRACTICE

대화문을 듣고 비즈니스 표현을 확인한 후 아래 질문에 답해 보세요.

Check List!
알고 있는 어휘를 체크해 주세요!

- ○ 변덕스럽다
- ○ 보고서
- ○ 구체적으로
- ○ 느긋하다
- ○ 담당하다
- ○ 열중하다

김 팀장 크리스 씨, 다음 주 휴가는 어디로 갈 거예요?

크리스 네, 팀장님, 일주일 동안 제주도로 다녀올 예정입니다.

김 팀장 그렇군요. 잘 다녀와요. 일주일이나 시간이 있다면 다른 나라나 고향에 다녀와도 될 텐데요?

크리스 제주도에서 느긋하게 휴가를 보내고 싶었습니다. 날씨가 변덕스럽기는 하지만 여유로운 곳이니까요.

김 팀장 맞는 말이네요. 그동안 업무에 열중했으니, **휴가 잘 보내고 오세요.**

크리스 감사합니다. **긴 시간 휴가를 가는 대신에 보고서 등은 미리 작성해 두었습니다.**
다른 일들은 김영준 대리가 잠시 담당해 주기로 했습니다.

김 팀장 알겠습니다. 보고서는 확인해 두겠습니다. **휴가를 다녀온 뒤에 구체적으로 이야기를 나눠 보도록 합시다.**

크리스 알겠습니다. 그럼 잘 다녀오겠습니다.

What do you think?

01 크리스 씨가 휴가지는 왜 제주도로 정했습니까?
02 크리스 씨는 휴가를 가기 전에 무엇을 준비했습니까?
03 크리스 씨가 제주도에 있는 동안 누가 대신 일을 합니까?

04 문법 연습 GRAMMAR PRACTICE

'A-(으)ㄴ/V-ㄴ/는 대신에'를 사용하여 두 개의 문장을 하나의 문장으로 만들어 보세요.

예시 | 먹다 → 저녁을 먹는 대신에 운동을 잊지 마세요.

01
예쁘다
→ 내 회사 동료는 _____ 성격이 좋지 않아요.

02
포기하다
→ 자유 시간을 _____ 외국어 공부를 했습니다.

03
비싸다
→ 택시는 가격이 _____ 편하고 조용합니다.

04
안 자다
→ 주말에는 잠을 _____ 드라마나 영화를 봅니다.

05
하지 않다
→ 우리 회사는 야근을 _____ 월급이 적습니다.

> **Grammar Point!**
>
> 'A-(으)ㄴ/V-ㄴ/는 대신에'는 동사나 형용사에 붙어 앞 부분의 행동이나 상황에 대해 보상을 나타낼 때 사용한다.
>
> 또한 '에'를 생략하여 'A/V-ㄴ/는 대신'으로 말할 수 있다.

05 말하기 연습 SPEAKING ALOUD

활동 1 아래 일상 생활에서 사용하는 표현들을 비즈니스 상황에서 더 적절하게 사용할 수 있는 표현으로 바꿔 말해 보세요.

일상 생활에서 …	비즈니스 상황에서 …
① 그 말이 맞아요.	
② 보고서 등은 미리 작성해 놨습니다.	
③ 휴가 다녀온 후에 구체적으로 이야기해요.	

활동 2 친구와 같이 아래 상황에 따라 대화를 만들어 연습해 보세요.

Role A — 회사원
동료와 함께 출장을 가는데, 업무가 끝난 후 자유 시간에 무엇을 할지 계획을 세우고 싶다.

Role B — 회사 동료
출장을 가는 지역의 맛집에 가보자고 이야기하고 싶다.

이렇게 말해 보면 어떨까요?

| 대화 예시 |

Ⓐ ○○○ 씨, 이번 주 출장가지요?

Ⓑ 네, 저도 같이 가요. 3시에 회의가 끝나는데 계획이 있어요?

15과 | 휴가 **127**

06 비즈니스 팁 WORK SMART WITH KOREANS

다음 글을 읽고 질문에 답해 보세요.

연차, 휴가 신청을 할 때

유럽의 어느 나라에서는 연차나 휴가 신청을 할 때 굳이 상사에게 이야기하지 않아도 됩니다. 그래서 연차나 휴가를 한 번에 모아서 긴 여행을 가는 것도 무리가 없지요. 오히려 왜 연차나 휴가를 내는지 상사에게 보고하는 것이 이상하다고 생각하는 나라들도 있습니다. 한국도 최근에는 편리하게 연차나 휴가를 마음대로 쓸 수 있는 곳이 많아지고 있지만, **아직까지는 연차나 휴가를 신청할 때 상사의 허가가 필요한 곳이 대부분입니다.**

업무에 문제가 발생하지 않도록 연차나 휴가를 한 번에 쓰지 않고, 1~2일 정도로 조금씩 나누어서 사용합니다. 휴가를 쓰려면 상사에게 미리 휴가 계획을 알리고 진행 중인 업무를 어떻게 조정할 수 있는지 미리 보고하고 연차를 신청하는 것이 좋습니다. 또한, 연차를 신청한 후 다른 동료들에게 부담을 주지 않도록 해야 할 업무를 미리 해 놓거나 다른 동료에게 미리 업무 협조를 부탁하는 것이 중요합니다.

내용을 확인해 보세요!

01 대부분의 회사에서 연차나 휴가를 낼 때 무엇이 필요합니까?

02 직장인들은 언제 가장 많이 연차나 휴가를 내서 여행을 갑니까?

07 이메일 쓰기 EMAIL WRITING

아래 정보에 따라 이메일을 써 보세요.

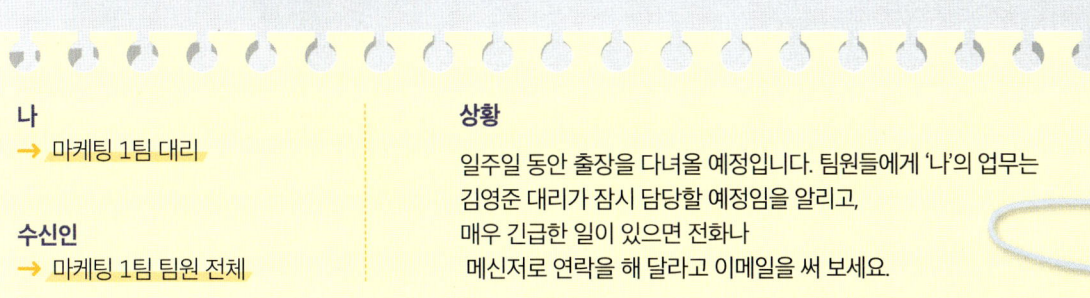

나
→ 마케팅 1팀 대리

수신인
→ 마케팅 1팀 팀원 전체

상황
일주일 동안 출장을 다녀올 예정입니다. 팀원들에게 '나'의 업무는 김영준 대리가 잠시 담당할 예정임을 알리고, 매우 긴급한 일이 있으면 전화나 메신저로 연락을 해 달라고 이메일을 써 보세요.

위와 같은 정보를 활용해서 이메일을 써 보세요.

제목: [마케팅 1팀] 출장 보고

안녕하세요? 마케팅 1팀의 ○○○입니다.

다음 주 월요일부터 _____

감사합니다.
○○○ 드림

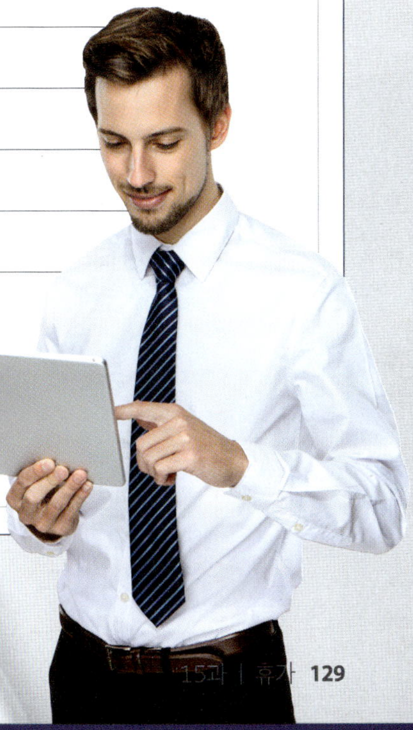

15과 | 휴가 129

08 메모장 STUDY NOTE

이번 과에서 나온 새로운 어휘를 확인해 보세요.

- ☑ 떠나다
- ☑ 길다
- ☑ 담당하다
- ☑ 맞다
- ☑ 생활
- ☑ 살펴보다
- ☑ 인원
- ☑ 자유
- ☑ 출장
- ☑ 초과하다

- ☑ 다녀오다
- ☑ 대신
- ☑ 발생하다
- ☑ 보고
- ☑ 열중하다
- ☑ 잊다
- ☑ 짧다
- ☑ 택시
- ☑ 휴가를 보내다

Calling!

이번 과에서 공부한 내용 중에 가장 중요한 3가지 내용을 써 주세요.

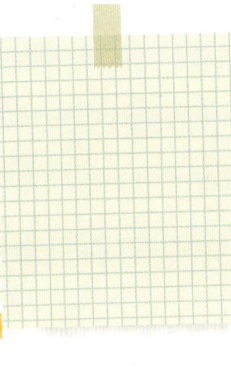

BUSINESS KOREAN | 성공하는 비즈니스 한국어 1

Lesson 16
송년회

💡 학습 목표

01
한 해를 마무리하는 소감을 말할 수 있다.

02
격식적인 상황에서 미래에 어떤 일이나 상황이 되기를 희망하는 표현을 사용할 수 있다.

03
업무 담당자에게 해당 업무에 대한 정보를 요청하는 이메일을 작성할 수 있다.

Warm Up! 이미지 토크 IMAGE TALK!

사진을 보고 키워드를 사용해서 상황을 설명하고 질문에 답해 보세요.

키워드

| 한 해 동안 | 수고 | 책임감 | 리더십 | 복지 |

Have you ever?

① 직장에서 송년회에 참석해 본 적 있어요?
② 전화나 이메일을 통해 필요한 정보를 요청해 본 적 있어요?

01 핵심 패턴 KEY EXPRESSIONS

아래 핵심 패턴 문장을 확인하고 질문에 답해 보세요.

❶ A/V-기를 바랍니다.
- 결혼 생활이 계속 **행복하기를** 바랍니다.
- 앞으로도 잘 **지내기를** 바랍니다.

❷ N도 잘 준비하겠습니다.
- **워크숍도** 잘 준비하겠습니다.
- **이번 기획 회의도** 잘 준비하겠습니다.

질문에 답해 보세요!

Q 이 보고서는 언제까지 작성하면 됩니까?
A 이번 주 금요일까지 _____

Q 이번 회의도 잘 부탁해요.
A 네, 이번 _____

02 비즈니스 표현 BUSINESS EXPRESSIONS

아래 비즈니스 표현을 확인하고 예시 문장을 만들어 보세요.

V-느라 수고 많았습니다.
- **준비하느라** 수고 많았습니다.
- 장기 **출장을 다녀오느라** 수고 많았습니다.

A-(으)ㄴ 일이었다고 생각합니다.
- **어려운** 일이었다고 생각합니다.
- **좋은** 일이었다고 생각합니다.

V-(으)ㄹ 수 있도록 해야겠군요.
- **퇴근할** 수 있도록 해야겠군요.
- **바꿀** 수 있도록 해야겠군요.

03 대화 연습 CONVERSATION PRACTICE

대화문을 듣고 비즈니스 표현을 확인한 후 아래 질문에 답해 보세요.

Check List!
알고 있는 어휘를 체크해 주세요!

○ 더불다
○ 리더십
○ 보장되다
○ 자유 시간
○ 책임감
○ 성사되다

에바 저희 식사하기 전에 사장님 말씀이 있겠습니다.

김 사장 **한 해 동안 여러 프로젝트를 하느라 수고 많았습니다.**
이 팀에는 신입 사원도 있었는데, 에바 씨와 더불어 한 해 동안 성과를 많이 냈다고 들었어요.

에바 팀원들이 적극적으로 도와 주었기 때문에 **가능한 일이었다고 생각합니다.**

김 사장 에바 씨가 책임감이 있으니까 팀원들도 잘 따라 오는 것이겠지요. 앞으로도 좋은 결과가 있기를 바랍니다.

에바 감사합니다. 내년에 회사에서 준비하는 사업도 잘 준비하겠습니다.

김 사장 올해 여러 건의 거래가 성사되어서 바빴을 텐데 앞으로도 도움이 필요하면 언제든지 이야기하세요.

에바 회사의 복지가 충분히 좋다고 생각합니다.
다만 저녁의 자유 시간이 조금 더 보장된다면 더욱 열심히 일할 수 있을 것 같습니다.

김 사장 **제 시간에 퇴근할 수 있도록 해야겠군요.** 고려해 보겠습니다.

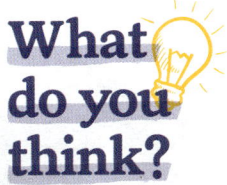
What do you think?

01 사장님은 왜 에바 씨를 칭찬하고 있습니까?
02 에바 씨의 팀원들은 에바 씨를 잘 따릅니까? 왜 그렇습니까?
03 에바 씨는 사장님께 무엇을 원합니까?

04 문법 연습 GRAMMAR PRACTICE

'V-기 바라다'를 사용하여 두 개의 문장을 하나의 문장으로 만들어 보세요.

예시 | 마무리하다 → 이 자료 작업은 화요일까지 **마무리하기 바랍니다.**

01 보내주다
→ 내일 저녁까지 이메일로 답장을 _____

02 지내다
→ 올해도 건강하게 _____, 곧 회사에서 뵙겠습니다.

03 집중하다
→ 이제 본론으로 들어가 중요한 이야기를 하겠으니 _____

04 주목하다
→ 잠시 이 곳을 _____ 다음 주제로 넘어가도록 하겠습니다.

05 말하다
→ 추가 의견이 있으면 언제든지 주저하지 말고 _____

Grammar Point!

'V-기 바라다'는 **다른 사람에게 바라는 점을 말할 때 사용하는 표현이다.**

'A/V-기 바라다'를 회사의 윗사람이나 다른 회사의 사람에게 사용할 때는 높임의 '-시-'를 함께 사용하여 'A/V-시기 바라다'로 말하면 된다.

05 말하기 연습 SPEAKING ALOUD

활동 1 아래 일상 생활에서 사용하는 표현들을 비즈니스 상황에서 더 적절하게 사용할 수 있는 표현으로 바꿔 말해 보세요.

일상 생활에서 …	비즈니스 상황에서 …
① 팀원들이 적극적으로 도와 줘서 가능한 일이었어요.	
② 앞으로도 좋은 결과가 있을 거예요.	
③ 제 시간에 퇴근할 수 있도록 할게요.	

활동 2 친구와 같이 아래 상황에 따라 대화를 만들어 연습해 보세요.

Role A — 외국인 직원
첫 한국어 프레젠테이션을 앞두고 긴장이 된다. 한국인 동료에게 말투, 전달 방법이 괜찮은지 물어보고 싶다.

Role B — 한국인 직원
A가 준비한 프레젠테이션 내용이 좋고, 한국어 발음도 좋아서 칭찬하고 격려해 주고 싶다.

이렇게 말해 보면 어떨까요?

| 대화 예시 |

Ⓐ ○○○씨, 제가 프레젠테이션을 준비하고 있는데 한 번 봐줄 수 있어요?

Ⓑ 네, 좋아요. 한 번 볼까요?

06 비즈니스 팁 WORK SMART WITH KOREANS

다음 글을 읽고 질문에 답해 보세요.

회의할 때

한국 사람들이 가장 많이 하는 약속 중 하나가 '언제 같이 밥 먹자.' **입니다.** 그러나 가장 안 지키는 약속이기도 하지요. 외국 사람은 한국 사람이 이런 말을 하면 '언제가 도대체 언제인 거지?' 고민하게 됩니다. **정확하게 약속하는 표현이라고 생각하지만, 한국 사람에게는 아닐 때가 많습니다.**

회의를 할 때에도 이와 비슷한 일이 있습니다. 문제가 있다고 생각할 때, "이것은 문제입니다."하고 말을 하는 것 보다, **"이것은 문제라고 생각합니다.", 혹은 "이것은 문제가 되지 않을까요?"등으로 좀 더 부드럽게 표현하는 경우가 많습니다.**

거절을 할 때도 "싫어요, 안 하고 싶어요."보다는 "어려울 것 같습니다." 등의 표현을 더 많이 사용합니다. **한국 사람들이 생각을 덜 하거나, 결정을 하지 못하는 것이 아니라 상대방에게 거절을 강하게 말하지 않는 것입니다.**

내용을 확인해 보세요!

01
한국 사람들은
어떤 약속을 가장 많이 합니까?
정확한 약속입니까?

02
한국 사람들은
상대방의 제안을 거절할 때
어떻게 말합니까?

07 이메일 쓰기 EMAIL WRITING

아래 정보에 따라 이메일을 써 보세요.

나
→ 홍보팀 사원

수신인
→ 인사팀 담당자

상황
사원 직급인 '나'는 내년에 대리가 됩니다. 대리가 되면 어떤 복지 혜택이 추가로 주어지는지, 혹은 연차 일수에 차이가 있는 지 궁금합니다.
인사팀 담당자에게 도서 구입비, 체력단련비의 금액과 연차 일수를 질문하는 이메일을 써 보세요.

위와 같은 정보를 활용해서 이메일을 써 보세요.

받는 사람	
참조	
제목	회사 복지 관련 문의
파일첨부	

안녕하세요? 홍보팀의 ○○○입니다.

다름이 아니라 회사 내 복지 혜택에 대해 궁금한 것이 있어 이메일을 보냅니다.

감사합니다.
○○○ 드림

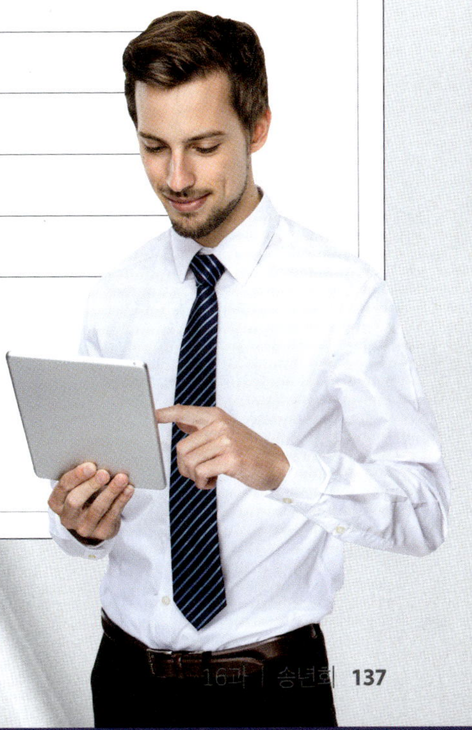

08 메모장 STUDY NOTE

이번 과에서 나온 새로운 어휘를 확인해 보세요.

- ✓ 거래
- ✓ 구성원
- ✓ 보장
- ✓ 복지
- ✓ 수고
- ✓ 옮기다
- ✓ 이상적인
- ✓ 진행되다
- ✓ 책임감
- ✓ 추가 의견

- ✓ 말투
- ✓ 리더십
- ✓ 본론
- ✓ 부서
- ✓ 주제
- ✓ 적극적
- ✓ 주목하다
- ✓ 근무 시간
- ✓ 들어가다
- ✓ 수다를 떨다

Calling!

이번 과에서 공부한 내용 중에 가장 중요한 3 가지 내용을 써 주세요.

APPENDIX

모·범·답·안

Lesson 01 | 면접

✅ 대화 연습

❶ 한국에 온 지 2년 됐습니다.
❷ 웹디자인을 전공했습니다.
❸ 대학교 때부터 웹 디자인에 관심이 많았기 때문에 이 분야에서 최고의 디자이너가 되고 싶습니다.

✅ 문법 연습

❶ 공무원이 되고자 한국에 유학을 왔습니다.
❷ 외국어를 배우고자 여름에 해외 여행을 갈 예정입니다.
❸ 새로운 프로젝트를 진행하고자 시장 조사를 시작했습니다.
❹ 자기 개발을 하고자 독서 동호회에 가입하려고 합니다.
❺ 최고의 기술자가 되고자 이 회사에 지원했습니다.

✅ 말하기 연습 1

❶ 저는 레이첼이라고 합니다
❷ 대학에서 웹디자인을 전공했습니다.
❸ 웹디자인 분야에서 최고의 디자이너가 되고자 합니다.

✅ 비즈니스 팁

❶ 정장 치마나 바지에 블라우스를 입을 수 있습니다.
❷ 면접 지원자에게 어렵거나 당황할 수 있는 질문을 많이 하는 면접을 의미합니다.

Lesson 02 | 직무 교육

✓ 대화 연습

❶ 오후 회의 자료를 만드는 중입니다.
❷ 김 대리가 담당할 예정입니다.
❸ 주로 업무 인수인계를 받을 것입니다.

✓ 문법 연습

❶ 정신 없이 교육받는 중이에요.
❷ 프린터를 고치는 중이에요.
❸ 사무실 컴퓨터에 새로운 보안 프로그램을 설치하는 중이에요.
❹ 결과 보고서를 작성하는 중인데 정리가 힘들어서 답답하네요.
❺ 그 친구도 많이 고민하는 중이니까, 조금 기다려 봅시다.

✓ 말하기 연습 1

❶ 오늘 많이 바쁩니까?
❷ 우선 이쪽으로 오시겠습니까?
❸ 열심히 일해 주시기 바랍니다.

✓ 비즈니스 팁

❶ 여성, 지위가 높은 사람, 선배, 나이가 많은 사람이 주로 악수를 청합니다.
❷ 두 사람이 함께 고개를 숙여 인사하고 악수를 합니다.

Lesson 03 | 실무 교육

☑ 대화 연습

❶ 이 부분의 요점이 무엇인지 질문했습니다.
❷ 구체적인 서비스 방안을 생각해야 합니다.
❸ 링링 씨의 업무 진행 상황을 살펴 보라고 요청했습니다.

☑ 문법 연습

❶ 오늘은 외부 차량이 많아서 여기에 주차하면/주차하시면 안 됩니다.
❷ 보안 문제 때문에 개인 휴대폰을 사용하면/사용하시면 안 됩니다.
❸ 프레젠테이션 화면의 글자가 이렇게 작으면 안 됩니다.
❹ 보고서 완성이 제출 기한보다 늦어지면 안 됩니다.
❺ 회사에서는 아무리 친구 사이라도 상사에게 반말을 하면/하시면 안 됩니다.

☑ 말하기 연습 1

❶ 이 부분의 요점이 무엇인지 질문했습니다.
❷ 구체적인 서비스 방안을 생각해야 합니다.
❸ 링링 씨의 업무 진행 상황을 살펴 보라고 요청했습니다.

☑ 비즈니스 팁

❶ 업무를 주도적으로 하는 사람, 적극적으로 의견을 제시하고 업무를 자원하는 사원을 선호합니다.
❷ 도서 구입비를 지원하거나, 직원 교육 프로그램, 간식 등을 제공합니다. 낮잠을 자게 해 주는 기업도 있습니다.

Lesson 04 | 업무 보고

✅ 대화 연습

❶ 조사한 판매 결과를 아직 분석하는 중입니다.
❷ 기한을 맞추는 것이 중요하다고 조언했습니다.
❸ 내일 오후까지 끝낼 예정입니다.

✅ 문법 연습

❶ 디자인 시안을 더 꼼꼼히 봤어야 했는데, 이런 실수가 나올 줄 몰랐습니다.
❷ 술을 조금만 마셨어야 했는데, 제가 술을 조절하지 못했습니다.
❸ 제출 기한을 맞췄어야 했는데, 죄송합니다.
❹ 설문 조사 참여자 수가 좀 더 많았어야 했는데, 지금으로서는 너무 적네요.
❺ 제가 더 신중했어야 했는데, 마음이 급해서 실수를 했습니다.

✅ 말하기 연습 1

❶ 보고서 작성은 다 끝났습니까?
❷ 무슨 문제라도 있습니까?
❸ 언제까지 마무리할 수 있겠습니까?

✅ 비즈니스 팁

❶ 상대방의 직함, 이름이 포함되어 있습니다.
❷ 왼손으로 오른손을 받치거나, 양손으로 모서리를 잡아서 이름이 상대방에게 잘 보이도록 하는 것이 예의 있는 자세입니다.

Lesson 05 | 업무 협조

✅ 대화 연습

❶ 김 대리님께 받기로 한 디자인 피드백 건으로 연락했습니다.
❷ 파일 첨부하여 이메일을 보내는 것입니다.
❸ 김영미 대리와 협의할 수 있습니다.

✅ 문법 연습

❶ 비가 계속 내릴 텐데 택시 타고 다녀오세요.
❷ 2시까지 도착하지 못할 텐데 큰일입니다.
❸ 그쪽 팀 일로도 마음이 어려울 텐데 우리 팀 걱정도 해줘서 고마워요.
❹ 강현 씨도 가고 싶어할 텐데 연락해 볼까요?
❺ 아직 본부 미팅이 안 끝나서 다들 회의실에 계실 텐데, 잠깐 기다렸다가 들어가도록 해요.

✅ 말하기 연습 1

❶ 김영미 대리님 자리에 안 계십니까?
❷ 디자인 피드백 건으로 연락 드렸습니다.
❸ 대리님 업무까지 함께 하시느라 힘드시겠네요.

✅ 비즈니스 팁

❶ 운전석의 뒤편 대각선 자리입니다.
❷ 운전석 옆 자리에 높은 사람이 앉는 편입니다.

Lesson 06 | 전화 통화

✓ 대화 연습

❶ 언제 돌아오실 지 정확한 시간을 모릅니다.
❷ 지난 번에 의논했던 교육 사업의 예산이 변경되어 협의가 필요합니다.
❸ 이 부장님께 메모와 연락처를 전달할 것입니다.

✓ 문법 연습

❶ 빨리 승진하도록/승진할 수 있도록 외국어 공부를 열심히 하세요.
❷ 못 온 사람들이 섭섭하지 않도록 따로 선물을 준비했습니다.
❸ 내일 일찍 공항에 나가서 손님을 맞이하도록/맞이할 수 있도록 준비하세요.
❹ 심하게 운동하지 말고 매일 조금씩 걷도록/걸을 수 있도록 지도해 주십시오.
❺ 업무에 집중하도록/집중할 수 있도록 사무실 분위기를 만들어야 합니다.

✓ 말하기 연습 1

❶ 예산이 변경되어 급히 협의가 필요합니다.
❷ 언제쯤 오실 지 혹시 알 수 있을까요?
❸ 연락처는 어떻게 전달해 드리면 좋을까요?

✓ 비즈니스 팁

❶ 엘리베이터의 버튼 앞에 서 있어야 합니다.
❷ 초청을 한 회사의 아랫사람이 보조 의자를 사용하는 편입니다.

Lesson 07 | 일정 조율

✅ 대화 연습

❶ 수요일에 급한 사내 공사 때문에 회의실 대여가 어렵기 때문입니다.
❷ 부장님과 과장님의 잔소리를 걱정하고 있습니다.
❸ 화요일 오전 11시에 할 예정입니다.

✅ 문법 연습

❶ 날씨가 갑자기 더워졌다고 합니다.
❷ 보통 지하철로 출근한다고 합니다.
❸ 오늘 저녁에 부서 회식이 있을 거라고 합니다.
❹ 야근을 매일 하는데 월급이 너무 적다고 합니다.
❺ 그 회사는 작년 연 매출이 50억을 넘었다고 합니다.

✅ 말하기 연습 1

❶ 회의실 대여가 어렵다고 합니다.
❷ 화요일로 변경하는 것은 어떨까요?
❸ 잠시 업무 일정을 봅시다.

✅ 비즈니스 팁

❶ 공직자들에게 선물이나 현금이 오고 가는 것이 사회적인 문제가 되면서 국회의원 한 명이 의견을 냈기 때문입니다
❷ 농수산물과 다른 종류의 선물을 합해서 10만원이 넘으면 안 되고, 다른 종류의 선물은 5만원을 넘으면 안 됩니다.

Lesson 08 | 의견 제기

✓ 대화 연습

❶ 우리 회사의 서비스에 대해 고객 불만이 많은 편이라고 말했습니다.
❷ 상황에 따라 어떻게 말하는 것이 좋을지 매뉴얼을 만들어 배포하는 것으로 결정했습니다.
❸ 매뉴얼 배포 후에도 고객 반응을 계속 살펴 보라고 했습니다.

✓ 문법 연습

❶ 크리스 선배님은 요즘 어디에서 일하느냐고 합니다.
❷ 대원 씨가 벌써 미국에 갔(느)냐고 합니다.
❸ 올해는 며칠 정도 연휴가 있느냐고 합니다.
❹ 새로 이직한 회사는 마음에 괜찮으냐고 합니다.
❺ 언제 LA 출장을 갈 것이냐고(거냐고) 합니다.

✓ 말하기 연습 1

❶ 말씀 드리고 싶은 것이 있습니다.
❷ 어떻게 하는 것이 좋다고 생각합니까?
❸ 고객 반응을 계속 살펴 보세요.

✓ 비즈니스 팁

❶ 한 손으로는 술병을 들고, 다른 손으로는 그 손을 받쳐야 합니다
❷ 술잔이 모두 비었을 때 다음 술을 따르는 것이 좋습니다.

Lesson 09 | 문제 해결

✅ 대화 연습

① 프로젝트 예산 건으로 상의를 하고 싶었습니다.
② 추가 예산을 사용할 수 없다고 생각합니다.
③ 예산을 경제적으로 사용해 보자고 전해 달라고 했습니다.

✅ 문법 연습

① 내일 회의는 화상 회의로 진행하자고 하십니다.
② 버스가 오지 않으니 택시를 타고 가자고 하십니다.
③ 우리 먼저 식당에 들어가자고 했어요.
④ 박람회 일정을 변경해 보자고 하십니다.
⑤ 오늘은 야근 없이 바로 퇴근하자고 하셨습니다.

✅ 말하기 연습 1

① 상의드릴 일이 있습니다.
② 지난번 사장님과 논의를 한 결과,
③ 부서에도 그렇게 전달하도록 하겠습니다.

✅ 비즈니스 팁

① 바닥에서 밥을 먹고 쉬는 좌식 문화가 오랫동안 지속됐기 때문입니다.
② 현관에서 신발을 잘 정리해 놓고 들어가야 합니다.

Lesson 10 | 도움 요청

✓ 대화 연습

❶ 사무실 복사기가 고장났기 때문입니다.
❷ 서비스 센터에 전화해서 방문 수리를 요청하라고 했습니다.
❸ 자세한 사무실 위치를 질문했습니다.

✓ 문법 연습

❶ 매번 회사 편의점에서 점심을 대충 먹었더니 위염이 생겼어요.
❷ 지난 달에 바빠서 야근을 많이 했더니 야근 수당이 꽤 들어 왔어요.
❸ 지난 주 판매율을 확인했더니 우리 팀 실적만 너무 안 좋았어요.
❹ 어제 커피를 많이 마셨더니 밤에 잠을 못 자서 그래요.
❺ 총무팀 번호를 물어봤더니 이전과 다른 번호를 알려 주었습니다.

✓ 말하기 연습 1

❶ 연락처와 연락 방법을 자세히 알려 주시겠어요?
❷ 오른쪽에 저희 회사가 보이실 겁니다.
❸ 건물 2층으로 올라 오시면 됩니다.

✓ 비즈니스 팁

❶ 물과 커피를 무료로 마실 수 있고, 기다리는 동안 컴퓨터를 사용할 수 있습니다. 잡지책도 볼 수 있습니다.
❷ 갑자기 휴대폰이 고장났는데 빠른 시간 안에 고칠 수 없으면 임대폰을 사용할 수 있습니다.

Lesson 11 | 회사 생활

✓ 대화 연습

❶ 워크숍 분위기에 맞는 식사로 준비했습니다
❷ 준비성이 좋고 대단하다고 생각합니다.
❸ 음료수랑 디저트를 테이블로 나르려고 합니다.

✓ 문법 연습

❶ 대리가 된 지 이제 6개월 됐는데, 승진을 하기는요.
❷ 자연스럽기는요. 아직도 연습이 많이 필요해요.
❸ 끝내기는요.
❹ 부족한 점이 없기는요.
❺ 익숙해지기는요.

✓ 말하기 연습 1

❶ 이걸 언제 다 준비하셨어요?
❷ 워크숍 분위기에 맞는 식사로 준비해 봤습니다.
❸ 도와 주시면 저야 감사하지요.

✓ 비즈니스 팁

❶ 꽃이나 와인, 휴지, 키친 타월 등이 적당합니다. 같이 나누어 먹을 수 있는 음식도 좋습니다.
❷ 환자가 먹을 수 있거나, 손님에게 나누어 줄 수 있는 음료수, 케이크 등을 선물하면 좋습니다.

Lesson 12 | 복지 제도

✓ 대화 연습

❶ 프로젝트 예산 건으로 상의를 하고 싶었습니다.
❷ 추가 예산을 사용할 수 없다고 생각합니다.
❸ 예산을 경제적으로 사용해 보자고 전해 달라고 했습니다.

✓ 문법 연습

❶ 김 과장님은 다른 사람보다 논리적일 뿐입니다.
❷ 저는 들은 대로 말씀 드릴 뿐입니다.
❸ 이 회사에서 내 비전을 발견할 수 있을지 궁금할 뿐입니다.
❹ 점심 못 먹어서 배가 조금 고플 뿐입니다.
❺ 경쟁사와의 대결을 위해 신제품 개발 연구를 거듭할 뿐입니다.

✓ 말하기 연습 1

❶ 모든 일에는 양면성이 있죠.
❷ 일을 더 하는 대신에 추가 수당을 꽤 받을 수 있어요.
❸ 수입 면에서는 오히려 도움이 돼요.

✓ 비즈니스 팁

❶ 업무 특성상 기간 내에 목표를 달성하거나 유행을 반영하여 제품을 출시하는 일을 수행하기 때문입니다.
❷ 주 52시간 근무제 도입, 퇴근 시간 이후 컴퓨터 전원 차단, 업무 시간 이후 메신저 접속 금지

Lesson 13 | 사내 행사

✓ 대화 연습

❶ 혼자 살고 계신 어르신들께 식사를 만들어 대접하는 봉사활동을 했으면 했습니다.
❷ 다른 사람들에게 도움이 되는 데다가 직원들에게도 의미 있는 종무식이 될 수 있겠다고 생각했습니다.
❸ 식사만 하고 헤어지는 종무식보다 훨씬 참신하다고 생각했습니다.

✓ 문법 연습

❶ 몸이 피곤한 데다가 머리가 아픕니다.
❷ 이유가 타당한 데다가 주장하는 내용이 뚜렷합니다.
❸ 과식을 한 데다가 커피를 2잔이나 마셨습니다.
❹ 버릇이 없는 데다가 팀의 일에도 무관심합니다.
❺ 여전히 더운 데다가 습도도 높습니다.

✓ 말하기 연습 1

❶ 엄숙한 분위기가 아니었으면 좋겠습니다.
❷ 봉사 활동을 했으면 합니다.
❸ 어르신들께 식사를 만들어 대접하는 것은 어떨까요?

✓ 비즈니스 팁

❶ 취업 준비생들에게 균등한 기회를 제공하며, 동일한 조건 하에서 공정한 경쟁 과정을 거쳐 채용이 되도록 하기 위해서입니다.
❷ 자신이 무엇을 잘하고 싶은지, 잘할 수 있는 것이 무엇인지 전문가의 조언을 얻으며 스터디 모임 등을 통해 취업을 준비합니다.

Lesson 14 | 출장

☑ 대화 연습

❶ 한 달 전에 비행기를 예약해 두었고 오늘 다시 확인했습니다.
❷ 공항에 도착하면 식사부터 하고 탑승 시간에 맞춰서 게이트로 이동하는 것으로 했습니다.
❸ 공항으로 가는 동안 이 과장님께 출장 일정을 설명해 드리려고 합니다.

☑ 문법 연습

❶ 지난 주에 KTX 표를 예매해 두었습니다.
❷ 어제 자료를 복사해 두었습니다.
❸ 제가 벌써 연락해 두었습니다.
❹ 그 회사 면접이 어려우니까 신문을 많이 읽어 두세요.
❺ 자동차는 지하 1층 주차장에 세워 두세요.

☑ 말하기 연습 1

❶ 비행기 예약은 확인했습니까?
❷ 부치실 짐이 있으십니까?
❸ 공항에 가는 데 얼마나 걸리죠?

☑ 비즈니스 팁

❶ 상사의 허가가 필요합니다.
❷ 대부분의 직장인들은 여름 8월 첫 주에 가장 많이 여행을 갑니다.

Lesson 15 | 휴가

☑ 대화 연습

❶ 일주일 동안 느긋하게 휴가를 보내기 위해서 갑니다.
❷ 보고서를 미리 작성해 두었습니다.
❸ 김영준 대리가 잠시 담당해 주기로 했습니다.

☑ 문법 연습

❶ 내 회사 동료는 예쁜 대신에 성격이 좋지 않아요.
❷ 자유 시간을 포기하는 대신에 외국어 공부를 했습니다.
❸ 택시는 가격이 비싼 대신에 편하고 조용합니다.
❹ 주말에는 잠을 안 자는 대신에 드라마나 영화를 봅니다.
❺ 우리 회사는 야근을 하지 않는 대신에 월급이 적습니다.

☑ 말하기 연습 1

❶ 맞는 말이네요.
❷ 보고서 등은 미리 작성해 두었습니다.
❸ 휴가를 다녀온 뒤에 구체적으로 이야기를 나눠 봅시다.

☑ 비즈니스 팁

❶ 상사의 허가가 필요합니다.
❷ 대부분의 직장인들은 여름 8월 첫 주에 가장 많이 여행을 갑니다.

Lesson 16 | 송년회

✔ 대화 연습

❶ 한 해 동안 여러 프로젝트를 잘 마쳤기 때문입니다.
❷ 리더십과 책임감이 있기 때문에 잘 따릅니다.
❸ 저녁의 자유 시간이 좀 더 보장되기를 바라고 있습니다.

✔ 문법 연습

❶ 내일 저녁까지 이메일로 답장을 보내주시기 바랍니다.
❷ 올해도 건강하게 지내시기 바랍니다, 곧 회사에서 뵙겠습니다.
❸ 이제 본론으로 들어가 중요한 이야기를 하겠으니 집중하기 바랍니다.
❹ 잠시 이 곳을 주목하기 바랍니다. 다음 주제로 넘어가도록 하겠습니다.
❺ 추가 의견이 있으면 언제든지 주저하지 말고 말하기 바랍니다.

✔ 말하기 연습 1

❶ 팀원들이 적극적으로 도와 주었기 때문에 가능한 일이었다고 생각합니다.
❷ 앞으로도 좋은 결과가 있기를 바랍니다.
❸ 제 시간에 퇴근할 수 있도록 해야겠군요.

✔ 비즈니스 팁

❶ '언제 같이 밥 먹자.'라는 약속을 많이 합니다. 그러나 정확하게 약속하는 표현은 아닙니다.
❷ '어려울 것 같습니다.'등의 부드러운 표현을 많이 합니다.